中国民间商事借贷立法研究

赵 莹 /著

中国传媒大学出版社
·北京·

本书系重庆市社会科学规划博士项目“我国民间借贷立法研究”（2014BS055）的结项成果。

目 录

导 论

一、问题的提出、选题的背景

（一）问题的提出

近些年来，金融学界、经济学界和法学学界都对民间借贷的利弊、发展和规制进行了深入的研究和探讨，对民间借贷在中小企业融资和“三农”问题的资金支持等方面的作用进行了肯定，但由于我国尚未有针对民间借贷的统一立法，导致各地司法部门针对民间借贷案件“同案不同判”现象严重。一方面，民间资金充裕，人们投资渠道困乏；另一方面，全国中小企业及农民寻求正规金融贷款无门。二者之间矛盾凸显，如何寻求既保护投资者权益又解决中小企业融资的问题就成了法律上的难题。我国对民间借贷态度褒贬不一，针对民间借贷的制度设计，国家应当有步骤、有选择地在法律上明确承认民间借贷的合法地位，通过提供一套保障契约签订和执行的制度约束，保护这些民间金融机构的财产权利和正当的经营活动，规范民间借贷的交易手续、推行民间金融交易契约化和法律化，让民间金融在法律规范和监督下走向合法的金融活动，成为正规金融的竞争者和补充者。[①] 为贯彻党的十八届四中全会提出的全面推进依法治国的重大战略部署，切实加强社会主义法治建设，充分保护人民群众和广大民事主体在民间借贷的合法权益，维护正常的资金融通秩序，最高人民法院根据《中华人民共和国民法通则》[②]《中华人民共和国物权法》《中华人民共和国担保法》《中华人民共和国合同法》《中华人民共和国民事诉讼法》《中华人民共和国刑事诉讼法》等相关法律之规定，结合审判实践，经审判委员会五次专题讨论，通过了《最高人民法院关于审理民间借贷案件适用法律若干问题的规定》（下简称《规定》），于 2015 年 9 月 1 日施行。但在此《规定》中并未区分民间借贷的民事属性与商事属性。作为某种演进的制度类型，民间借贷分类中所暗含的民商分离的理念在制度的重建中应引起一定的重视。[③]

① 岳彩申、袁林、陈蓉：《民间借贷制度创新的思路和要点》，《经济法论丛》，2009（1）。

② 法律条文第一次出现时用全称，后用简称，如《中华人民共和国民法通则》（下简称《民法通则》）。

③ 李政辉：《论民间借贷的规制模式及改进——以民商分立为线索》，《法治研究》，2011（2）。

目前民间借贷已由传统的民间借贷向商事性质的民间借贷发生转变，主要表现为以下几点：第一，民间借贷主体由民事主体向商事主体转变。传统的民间借贷主要发生在熟人亲友之间，且大多为自然人之间借贷。而现代的民间借贷多为企业与企业之间、自然人与组织之间，大多为商事主体之间借贷，即我国出现了一批以营利为目的、长期连续经营放贷业务的个人和组织。第二，民间借贷利息由无偿向营利转变。传统的民间借贷大多数为无偿借贷，当事人之间并无利息约定或利息特别低，借贷行为具有偶发性；如今各地爆发的民间借贷大多为高利贷，且以营利为目的，放贷人连续以营利为目的进行放贷。第三，民间借贷的组织开始由低级形态向高级形态转变。按照民间发展组织的程度，民间借贷主要包括：私人借贷（包括高利贷）、"银中或银背"、典当行、互助会、私人钱庄、联结贷款、集资等形式，其中私人借贷和"银中或银背"为民间借贷的初级形态，私人钱庄为民间借贷的高级形态，其余为民间借贷的中间形态。① 综观民间借贷对社会造成的深远影响，皆为民间商事借贷所致，民间借贷立法中，以营利性为标准，将民间借贷划分为民事性民间借贷和商事性民间借贷，这是设计和检讨我国民间借贷立法科学性的重要依据。② 因此根据我国金融市场的结构和法制现状，规范民间借贷的专门立法应当重点规制那些以营利为目的并专门从事借贷业务的机构和个人所进行的民间商事性借贷，主要包括对借贷主体的准入、借贷利率、借贷地域等加以规范。最后，在商法崇商重企的理念下，应当在法律上或制度上保护民间商事借贷主体的财产权利和正当的经营活动，减少经济制度的不确定以及放贷活动的风险性，平衡放贷人与借款人之间的利益。民事借贷同商事借贷所蕴含着民法与商法不同的理念，要求有不同于民法的特殊规范体系加以保障。对于民间民事借贷，我国现行法律足以对之进行调整，但是民间商事借贷尚需一部专门的法律进行调整和保护。因此，本书选取我国民间商事借贷立法研究为题，针对民间商事借贷的立法体系进行构建。

（二）选题的背景

1. 政策原因

2012年11月8日，胡锦涛总书记在中共"十八大"会议上做了《坚定不移沿着中国特色社会主义道路前进 为全面建成小康社会而奋斗》的报告，其在报告中提到：第一，深化金融体制改革。金融体制改革是我国社会转型期金融改革的必经之路，我们要加强国家宏观调控，尽快形成多层次的资本市场，推进利率市场化改革。同时还要支持民营金融机构的建立与发展。第二，加快金融监管。加快金融体制改革，必须要加强金融监管，防范金融风险。同时注重维护金融稳定，加强金融创新，提高银行、保险、证券等金融机构的竞争力。

2013年11月，在我国召开的十八届三中全会上，习近平总书记在报告中对金融体制改革也做出了重要批示。报告中要求扩大金融业的对内对外开放，支持民间资本建立民营银行等金融机构，形成多层次的资本市场。同时要加强金融监管，防范金融风险，维护金融安全。

2015年8月6日，为贯彻党的十八届四中全会提出的全面推进依法治国的重大战略部

---

① 王春宇：《我国民间借贷发展研究》，哈尔滨商业大学2010年博士学位论文。

② 岳彩申：《民间借贷规制的重点及立法建议》，《中国法学》，2011 (5)。

署，切实加强社会主义法治建设，充分保护人民群众和广大民事主体在民间借贷的合法权益，维护正常的资金融通秩序，最高人民法院根据《中华人民共和国民法通则》《中华人民共和国物权法》《中华人民共和国担保法》《中华人民共和国合同法》《中华人民共和国民事诉讼法》《中华人民共和国刑事诉讼法》等相关法律之规定，结合审判实践，经审判委员会五次专题讨论，通过了《最高人民法院关于审理民间借贷案件适用法律若干问题的规定》。

2010 年 3 月，经国务院批准、中国银监会等 7 个部门公布施行了《融资性担保公司管理暂行办法》（下简称《办法》），为规范融资担保公司经营，促进融资担保行业健康发展奠定了基础。但随着融资担保业快速发展，《办法》已难以适应当前和未来行业发展与监管的实际需要，中国银监会会同融资性担保业务监管部际联席会议有关成员单位，在总结《办法》实施经验的基础上，经深入研究并广泛听取各方面意见，起草并向国务院报送了《融资担保公司管理条例（送审稿）》。国务院法制办就送审稿书面征求了有关部门、地方政府、企业等方面的意见，进行实地调研，会同中国银监会对送审稿进行研究修改，形成了《融资担保公司管理条例（征求意见稿）》。该征求意见稿于 2015 年 8 月 12 日由国务院法制办公布。

2015 年 8 月 12 日，国务院法制办发布《非存款类放贷组织条例（征求意见稿）》。该征求意见稿提出，将对经营放贷业务实行许可制度，除经监督管理部门批准取得放贷许可的非存款类放贷组织外，任何组织和个人不得经营放贷业务。此征求意见稿的公布也意味着我国针对民间商事借贷正逐步完善其立法程序。

民间商事借贷法律制度是集经济学科、法学学科和社会学科于一体的制度，如其运行发生问题，不仅将影响我国经济的健康有序发展，还会危害到我国法律体系的完善，因此在此背景下研究民间商事借贷的立法符合我国政治需求。

2. 社会原因

2011 年浙江温州“老板跑路”，江苏泗洪“宝马乡”，2012 年鄂尔多斯的“鬼城”，一直延续到 2013 年的西安神木“高利贷崩盘”，民间借贷的字眼始终触动着人们敏感的神经。从民间借贷现象的发展可见其并非是沿海经济发达地区特有的经济现象，已延伸至我国内陆地区，呈现全国爆发之趋势。

（1）中小企业融资难。

据有关数据统计，我国四大商业银行的平均贷款至少 43%集中到了 1 亿元以上的项目，只有不到 7%的贷款用在低于1 000万元的项目，就连位于地级城市的商业银行的二级分行和位于县城的支行，低于 600 万元的贷款项目也一律不予考虑。[①] 这一模式无疑是对 20 世纪 80 年代雨后春笋般涌现的中小企业的发展极其不利的。在改革开放 30 多年以后的今天，我国的中小企业已逾1 000万家，占企业总数的 99%。中小企业创造的产值、利税和出口额都已占相当大的比重，创造的就业机会占 90%以上。但能从商业银行获得贷款的中小企业实属凤毛麟角，在商业银行看来，中小企业贷款项目收益低、成本高、风险大，成了食之无味、弃之可惜的“鸡肋”。并且我国仅有的几类合法融资途径如证券融资、信托贷款等方式实际上成了大公司、大企业的“专利”，中小企业很难通过这些方式成功融资。在这种金融体制下，数量众多的中小型企业求生存、求发展，必然要选择其他的融资

---

① 刘兴成：《法律何时为民间借贷松绑》，《法人》，2009（4）。

渠道。典当行的火爆和地下钱庄的出现正是这一残酷现实的写照。而典当行的抵押性质和地下钱庄的非法性及高利息决定了它们必然无法满足庞大的中小企业群体的融资需求，向其他企业贷入资金成了中小企业生存的必由之路。

（2）“三农”融资难。

改革开放后的30余年，“三农”问题仍然是制约中国社会经济均衡发展的核心因素。中国共产党十六届五中全会明确提出建设社会主义新农村的目标。在现代市场经济条件下，金融无疑是支撑社会主义新农村建设最重要的条件，然而我国农村的金融体制难以支持我国“三农”事业的发展，大量的民间金融资源不能优化配置到农村发展最需要的领域。社会主义新农村建设需要大量的资金投入，但由于我国农村金融改革背景的复杂化和情况的特殊性，现行农村金融却不能为“三农”发展提供资金支持。我国农村地区小农经济信贷需求的类型、频度和额度、期限及担保制度与正规金融制度设计的假定前提不符，正规金融中介的利润最大化诉求与小农经济的融资需求和特点存在天然的矛盾与冲突。因此，很多农民为此选择向民间借贷谋取资金支持。中国农民的信贷主要依赖于非正规金融渠道，从非正规金融渠道贷款的规模大约相当于正规金融渠道的4倍。[①] 因此民间金融是满足农户资金借贷需求的最主要方式，非正规金融渠道的重要性远超过正规金融渠道。[②] 因此，研究民间商事借贷的立法是符合社会需求的。

3. 经济原因

自20世纪七八十年代至今，虚拟经济发展迅猛，全球经济危机爆发。我国的金融体系在20世纪90年代面临着巨大的制度变迁和结构演进，尤其在加入世界贸易组织之后，金融体系面临着巨大的挑战，利率自由化和金融制度的改革呼声越来越高。与此同时，中国经过30多年的改革开放，积累了大量的民间资本，虽然各个地区之间的差别较大，比如东部沿海地区与西部内陆地区的经济发展不平衡，导致民间资本的发展不平衡，但是资本总量却是惊人的，并且都在寻找出口。一些民间资本希望进入金融业，但却面临着国家法律、政策方面的障碍，由于进入银行业的门槛较高，导致民间资本不得不在地下运行。民间借贷作为正规金融制度的补充，发挥着其不可替代的作用，但建立在传统“以信为本”理念上的民间借贷存在着信息不对称与不充分、交易的不确定性以及不完全市场化产生的巨大的交易费用，其长期处于国家监管视野之外，组织化、市场化程度较低且缺乏有效的金融风险控制制度，因此导致民间借贷的弊端显露，严重影响了我国金融体系的安全、市场经济健康有序发展。研究民间借贷法律制度可以引导民间资本沿着正规渠道运行，有利于国家有关机关对民间借贷的监管与风险防范，符合我国经济发展的需要。

4. 法律原因

综观我国民间借贷的法律现状可知，调整民间借贷的法律规范散见于各种层次的法律法规中，效力层次不清。2008年美国爆发金融危机后，我国央行即向国务院提交了《放贷人条例（草案）》，但鉴于各种原因，此条例迟迟未获得通过。而此时各地民间借贷组织蓬勃发展，我国出现了一批以放贷为业，长期、连续以营利为目的的放贷组织。我国首部民间融资条例《温州市民间融资管理条例》于2014年3月1日正式实施。2015年9月1

---

① IFAD，“Rural Financial Services in China”，*Thematic Study*，2001，pp. 156－178。

② 高艳：《我国农村非正规金融存在的理性思考》，《安徽大学学报》（哲学社会科学版），2007（1）。

日施行的《最高人民法院关于审理民间借贷案件适用法律若干问题的规定》第十一条规定，企业与企业间的借贷为生产、经营需要订立的民间借贷合同有效。另外 2015 年 8 月 12 日国务院法制办针对《非存款类放贷组织条例（征求意见稿）》公之于众，向全国征求意见。这意味着我国正逐步完善民间借贷的法律体系。但现实生活中仍然存在合法民间借贷与非法集资的界定不清问题，导致司法实践中法官的无所适从。在此关键时期探讨我国民间商事借贷的立法制度，对于完善我国民间借贷法律体系具有重大意义。

二、研究的目的和意义

（一） 研究目的

民间借贷问题自古有之，这不仅是极具争议性的历史问题，更是当前社会中爆发的热点和金融、法学、经济等学科研究的难点。它在人们明知其利弊，而又不能否定其价值的矛盾状况下存在。一方面，作为正规金融补充的民间借贷以其便宜、快捷、安全的特点长久地存在于这个社会，发挥着其不可替代的作用；另一方面，作为“经济人”的民间放贷主体基于其逐利性，导致民间借贷的弊端大肆呈现，严重影响了国家经济社会的健康发展。如何调节二者之间的矛盾，促进民间借贷健康发展，就成为各个学科人努力的方向。

经济学四人组 LaPorta、Lopez-de-Silanes、Shleifer 和 Vishny（简称 LLSV）的法与金融的理论认为，法律是决定金融发展程度的关键因素，取决于法律对投资保护的程度。法律对金融的发展至关重要，这种作用需通过对投资者权利的法律保护加以实现。[①] 因此，法律制度的建立与完善对于我国民间借贷的积极作用的发挥至关重要。综观我国民间借贷法律制度，可见有关于民间借贷的法律规范散见于各个不同层次的法律规范文件中，这些规范相互之间存在一定的矛盾与冲突，导致司法实践中民间借贷案件“同案不同判”现象很严重。

因此，本书的主要目的是通过民间借贷的法学理论研究，同时通过对比较优秀的立法经验的借鉴，从民间借贷的商事属性出发，针对民间商事借贷制定统一的专门法典，在民间商事借贷准入制度、运行制度、监管制度以及退出制度四个方面构建我国民间商事借贷的立法体系，以期在引导和规范民间商事借贷行为、保护投资人权益等方面提供一定的指导和借鉴作用。

（二） 研究意义

从江苏泗洪“宝马乡”到温州、鄂尔多斯的企业家“跑路”，再到河南、福建等省市的高利贷市场崩盘，直接反映出我国的民间商事借贷市场的混乱现象及其产生的严重后果。针对当前经济运行中存在的一些问题以及民间商事借贷不规范现象，最高人民法院已经向有关国家机关和部门连发六个司法建议，可见国家对民间商事借贷的重视程度之高。民间商事借贷合法化是一把双刃剑，在促进我国多层次金融市场的发展、缓解中小企业“资金荒”的同时，也面临着许多棘手问题，带来了很多消极后果。因此我们在推进民间商事借贷合法化进程的同时，还要想办法规避可能出现的问题，不能任其发展，否则很有可能对我国的金融、经济、社会稳定产生威胁。我国对于民间商事借贷的监管制度一直欠

---

① 陈蓉：《“三农”可持续发展的融资拓展：民间金融的法制化与监管框架的构建》，第 90—92 页，北京：法律出版社，2010。

缺，现行相关法律法规并没有对民间商事借贷的监管机关和监管职责做出明确规定，合法民间商事借贷与非法集资的界限模糊不清，因此民间商事借贷立法研究的理论意义和实践意义都十分重大。

1. 理论意义

（1）研究民间商事借贷立法是民商法学科发展的需要。

理念的差异和规则不同表明，民间商事借贷的立法会对传统民法、商法理论产生诸多挑战，若我们积极地去回应这些挑战，必将丰富民法、商法的内涵，促进民法、商法理论的发展。商法的重心曾经由传统交易法转移到企业法，随着经济的发展，商法的重心再次出现转移。当今商法出现了金融法和企业法并重的模式，然而，既有的商法的理论是以交易法为核心的，是民法相关理论的翻版，而企业法和金融法的原理却处于薄弱状态。本书从民间商事借贷的商法属性出发，探讨如何运用商法原理规制民间商事借贷行为平衡贷款人、借款人与国家金融安全三者的关系，又如何通过规制民间商事借贷来发展商法理论。因此，研究民间商事借贷立法是民商法学科发展的需要。

（2）研究民间商事借贷立法是时代发展的需要。

近年来，国外有学者对发展中国家贫穷落后的原因进行了探究，认为发展中国家缺少的不是财富（比如储蓄），而是让财富转化为资本的法律制度，贫穷落后的原因即在于此。营利始终是商法最为关心的问题之一，商法以企业法和金融法为中心，是对商法实践的尊重，也是对人类的真切关怀。我国的民间借贷已从单纯的私人间简单的借贷发展为有组织、有规模、以营利为目的的借贷，具备了商法的营利性特征。因此，如果我们仅从民法的角度分析民间借贷的制度特征，不能在商法的框架内为其搭建制度平台和规则体系，就很难克服空洞论说的弊病，很难避免各学科学者们各说各话的难堪，以致我国民间借贷研究出现长时间低水平重复的尴尬局面。所以，我们与其把民间商事借贷制度研究看成是民法学者的一个研究方向，不如认为这是商法学者不可推卸的责任。因此，研究民间商事借贷立法是时代发展的需要。

（3）研究民间商事借贷立法也是社会转型时期的法制需要。

任何一个审慎的观察者都不会对当下中国民间借贷发展的法律环境抱有很高的满意度，如当前我国并没有建立专门规制民间商事借贷的法律，2008 年中国人民银行提交国务院的《放贷人条例（草案）》也呈现出“犹抱琵琶半遮面”之势。可喜的是 2015 年 8 月 12 日我国国务院法制办就《非存款类放贷组织条例（征求意见稿）》开始征集意见，这部法律的出台为时不远。我们可以从应然的层面去构建民间商事借贷的立法，为立法者提供必要的理论研究和制度选择。遗憾的是，我们当前对民间商事借贷立法研究的滞后已经阻碍了我国金融体制的改革，且对人们的经济社会生活造成了严重的影响。例如近几年出现的“孙大午非法集资案”“吴英非法集资案”等轰动全国的事件，皆因人们对合法民间商事借贷与非法集资等行为厘定不清所致，这也从一个侧面反映出民间商事借贷立法研究的缺乏对社会生活造成的严重影响。由此可见，深入研究民间商事借贷立法的相关理论学说，积极构建应然层面的民间商事借贷法律制度规则，已经是学者们刻不容缓的重要任务。

2. 实践意义

（1）研究民间商事借贷立法可以促进我国民间借贷立法的进程。

目前我国民间借贷导致的负面影响严重制约了经济发展和社会稳定，从法律层面上对其进行规制，可以抑制其负面影响，引导民间商事借贷健康发展。立法完善比司法自由裁量权的行使更为重要，如果有具体可行的法律规则可以解决问题，那就不会将问题交给一大二空的原则和司法权解决。目前我国对民间商事借贷的概念、定义缺乏严密的界定，且尚未出台一部专门针对民间商事借贷的法律法规。我国首部民间融资条例《温州市民间融资管理条例》于 2014 年 3 月 1 日正式实施，这种地方先行的立法预示着全国统一立法将是大势所趋。因此，研究民间商事借贷的立法，可以促进我国民间借贷立法的进程。

（2）研究民间商事借贷立法可以有效促进我国司法的权威性。

随着民间商事借贷的蓬勃发展，全国各地司法机关处理民间商事借贷案件也较之以往呈现出数量较多、案情复杂、标的额较大的趋势。目前民间商事借贷的发展已由经济发达的沿海地区向我国中部及偏远地区发展，已演变成全国性的问题。因我国尚未有一部法律对民间商事借贷行为进行统一规制，导致法官面对民间商事借贷案件缺乏统一的审理意见，因此各地法院“同案不同判”的现象严重，影响了司法的权威性。研究民间商事借贷立法，统一审判指导意见，可以有效提高我国司法的权威性。

（3）研究民间商事借贷立法可以有效促进我国的社会稳定。

民间资本“供需两旺”，由于我国民间商事借贷法律制度的滞后，一方面，一些中小企业资金需求旺盛，苦苦寻求贷款无果，严重影响了经济的发展；另一方面，民间资本“供需两旺”，人们的趋利心理得不到满足，缺乏投资渠道。二者矛盾突出，增加了社会不稳定性因素。研究民间商事借贷立法，由专门法律规制民间商事借贷行为既可以满足中小企业资金需求，又可以满足人们投资的需求。做到对商人需要的尊重和合理满足是商法所追求的，正视商人的合法利益需求既有利于我国经济的快速发展，也能有效地促进我国的社会稳定。

三、文献综述

（一）研究现状

1. 从本体论的角度研究民间借贷的概念、内涵与外延，揭示民间借贷的发展现状

若要对民间借贷的立法进行研究，首先应对其概念、内涵与外延界定清楚。我国对民间借贷的概念有广义说和狭义说两种。持民间借贷广义说的学者有李政辉，他认为除了金融机构进行的借贷均为民间借贷，包括自然人之间、自然人与企业之间以及企业与企业之间的借贷。[①] 广义的民间借贷按照其组织形式分为三种类型：一是无组织、无机构的个人借贷和企业融资，如企业间借贷、企业非法集资等；二是有组织、无机构的各种金融会，如标会、摇会、抬会、合会等；三是没有经过金融部门批准的有组织、有机构的各种融资形式，如私人钱庄、基金会、投资公司和典当行等。[②] 经济学专家赵泉民认为民间借贷是指游离于正规官方监管，在国家经济宏观调控和正规金融市场之外，于民间自发形成的短期、投机的金融行为。[③]

持狭义民间借贷的学者认为民间借贷是指私人之间的借贷活动。[④] 刘少军认为民间金

① 李政辉：《论我国民间借贷的规制模式及改进——以民商分立为线索》，《法治研究》2011（2）。
② 王治轶：《鄂尔多斯民间借贷问题研究》，内蒙古大学 2011 年硕士学位论文。
③ 赵泉民：《农村民间借贷兴盛的内蕴、效应及对策》，《农业经济问题》，2003（10）。
④ 龙翼飞、杨建文：《企业间借贷合同的效力认定及责任承担》，《现代法学》，2008（2）。

融可以分为非募民间金融、私募民间金融和公募民间金融三种类型，而非募型的民间金融指的是传统的民间借贷。以上为理论界关于民间借贷广义和狭义的论述，而我国最高人民法院的民事案又将民间借贷分为民间借贷和企业借贷，可见最高人民法院采取的是狭义民间借贷说。

2. 从发展论的角度研究民间借贷的属性变化

民间借贷自古有之，但在当今社会其属性发生了变化。王春宇认为，按照民间借贷组织的发展程度，民间借贷的初级形态为私人借贷和“银中或银背”；民间借贷的中级形态包括典当行、互助会、联结贷款和集资等形式；民间借贷的高级形态为私人钱庄。① 张书清按照民间借贷发展的组织化程度将其分为无定型组织形态的民间借贷和有定型组织形态的民间借贷。无定型组织形态的民间借贷形式主要包括私人借贷、企业间借贷、集资和私募基金等；有定型组织形态的民间借贷形式主要包括合会、钱庄、资金互助社和合作基金会等。从上述两种分类可以看出，无定型组织形态的民间借贷主要发生在乡亲邻里之间，具有无组织性、分散性、规模较小和无连续性等特征；有定型组织形态的民间借贷的主要特点为具有组织性、规模性且规模较大和具有连续性等。② 岳彩申按民间借贷是否以营利为目的，将其分为民间民事借贷和民间商事借贷。民间民事借贷是指不以营利为目的，有偿或无偿地转让资金的行为；民间商事借贷是指以营利为目的，即以收取利息为目的的货币流通行为。如果自然人、法人或者其他组织将发放贷款作为一种职业，则具有了营利性和反复性，则该民间借贷行为具有商事属性。③ 对此种划分，张书清也持赞同观点。他认为，区别民事借贷与商事借贷的标准，法律上应该采取商事主体的判断标准，同时以商事行为标准作为排除规则，即只要是商事主体所为的民间借贷行为均为商事借贷，除非商事主体证明其借款为民事生活所用。法律对待民事借贷与商事借贷的保护重心不同，民事借贷侧重于对借款人合法利益的保护，借款人作为社会的弱者应当保证其生活不被借贷所影响；而商事借贷则应平衡保护借款人和贷款人的合法利益，注重对二者利益的协调，其重心在于双方利益平衡，则借款人必须承受较重的利益约定与追偿责任。④ 殷炳华在《商法视角下民间借贷问题的成因与法律规制》中提到，当前我们对民间借贷属性的定性是模糊的，这主要表现在两个方面：其一，民间借贷的民事属性和商事属性没有界定清楚。我国当前的法律法规并没有对二者进行区别对待并采取不同的规制路径。其二，合法民间借贷与非法集资行为界定不清。我国现行法律对合法民间借贷行为与非法民间借贷行为的标准规定不清，法律缺乏可操作性的标准规定。⑤

3. 从价值论的角度研究民间借贷的作用

民间借贷是一把“双刃剑”，其在我国金融抑制的政策环境下对中小企业融资和“三农”事业的发展提供了金融支持，但由于监管不力，危害了我国经济的宏观调控政策和社会和谐。民间借贷的积极作用主要体现在：其一，民间借贷有效弥补了我国正规金融的不

① 王春宇：《我国民间借贷发展研究》，哈尔滨商业大学 2010 年博士学位论文。

② 张书清：《民间借贷的制度性压制及其解决途径》，《法学》，2008 (9)。

③ 岳彩申：《民间借贷规制的重点及立法建议》，《中国法学》，2011 (5)。

④ 张书清：《民间借贷法律价值体系的重构》，《上海金融》，2009 (2)。

⑤ 殷炳华：《商法视角下民间借贷问题的成因与法律规制》，《山东警察学院学报》，2012 (5)。

足。我国正规金融的贷款大都流向了国企、央企等大型企业，而中小企业却贷款无门，因此纷纷转向民间借贷以缓解资金压力。因此民间借贷有效补充了我国正规金融供给不足。其二，民间借贷有利于市场利率化的形成。民间借贷的利息高于我国正规金融组织的利息，体现了我国民间资本的供求关系和使用成本，与市场真实的利率水平相近，促进了我国市场化利率的形成。其三，民间借贷有利于促进我国金融体制改革。目前我国金融体制被国家正规金融组织垄断，民间借贷组织和行为的合法化有利于打破我国正规金融组织的垄断局面，促进多层次资本市场的形成。①

民间借贷监管不力，对社会造成的消极影响主要体现在：其一，民间借贷影响了我国经济的宏观调控效果。货币借贷属于金融业务，应该由国家指定的机构专营，但民间借贷游离于国家正规金融监管之外，属于资金的体外循环，不利于银行统一调配资金，削弱了国家经济的宏观调控职能。② 其二，民间借贷容易滋生高利贷、非法集资等违法犯罪活动，扰乱金融秩序，影响社会稳定。民间借贷的利率不受监管，因此易导致高利贷现象，造成中小企业融资成本加大，降低其资金承受能力，导致众多中小企业破产。③

4. 从立法论的角度研究民间借贷立法应当采取的立法模式

关于民间借贷立法应当采取的立法模式，主要有以下两种观点：其一，修改我国现行法律法规以调整民间借贷行为。张书清认为，针对我国民间借贷的发展现状，应该修改我国现行法律法规，承认民间借贷的正当性基础，明确界定合法民间借贷与非法融资的界限，消除不合理的限制条款，将民间借贷行为引入阳光下发展，将非正规的金融活动纳入信用可控的法律法规内，促使其走向正规化的轨道。④ 其二，制定统一专门的法律调整民间借贷行为。殷炳华认为，从商法视角来看，民间借贷的商事属性被弱化、民间借贷的商事主体性未彰显、民间资本逐利的商法渠道匮乏、民间借贷的法律监管不健全应是问题的重要成因。因此，设立规范民间借贷的商行为法、保障民间借贷主体的商事主体性、健全商事民间借贷的市场进出机制、完善商事民间借贷的法律监管体系，应该是商法规制民间借贷的重要选择。⑤ 民间借贷相关争议的解决依靠《中华人民共和国合同法》和《中华人民共和国民法通则》中的部分条款无法适应民间借贷的现行发展，民间借贷中借贷双方的行为规范、债权债务关系的界定、口头协议的纠纷、高息集资等行为都需要专门的民间借贷法规去调整。⑥ 岳彩申认为，针对民间借贷的制度安排，国家应当有步骤、有选择地在法律上承认其合法地位，通过提供一套保障契约签订和执行的制度约束，保护民间金融的财产权利和正当化的经营活动。统一规范民间借贷的交易方式，推行民间借贷交易的契约化和法律化，促进民间借贷走向正规金融。⑦

5. 从运行论的角度研究民间借贷立法中利率的规定

现代金融的发展表明，无论发展中国家还是发达国家，均允许专业的放贷人开展放贷

① 中国人民银行南昌中心支行课题组：《合理引导规范操作趋利避害——对江西省民间借贷的调查与思考》，《武汉金融》，2004 (4)。

② 黄维娜、胡辉：《略论企业间借贷行为的认定及立法趋势》，《湖北经济学院学报》（人文社会科学版），2007 (5)。

③ 张岩、宫琳：《农村民间自由借贷的正负效应分析》，《特区经济》，2010 (9)。

④ 张书清：《民间借贷法律价值体系的重构》，《上海金融》，2009 (2)。

⑤ 殷炳华：《商法视角下民间借贷问题的成因与法律规制》，《山东警察学院学报》，2012 (5)。

⑥ 中国人民银行张家界市中心支行课题组：《欠发达地区民间借贷的特点、风险及对策》，《武汉金融》，2007 (5)。

⑦ 岳彩申、袁林、陈蓉：《民间借贷制度创新的思路和要点》，《经济法论丛》，2009 (1)。

业务，作为正规金融的补充。[①]《民间借贷（条例）法》应当对那些并非专门从事金融业务的组织和个人从事的民间借贷行为进行规范，包括集资行为、放贷行为和合会或标会等行为。[②]《放贷人条例》的出台可以打破银行垄断，引导民间借贷“阳光化”，有利于促进形成多层次的资本市场，也有利于企业的多元化经济发展。[③]

民间借贷利率的确定是民间借贷立法中的关键内容。关于民间借贷利率规定主要有以下两个观点：其一，民间借贷的利率应遵循我国现行法律规定的不超过银行同期贷款利率4倍的规定。岳彩申认为，我国现行立法规定的民间借贷利率不能超过银行4倍的规定是适当的，应该得到坚持。不能盲目地放开民间借贷市场，应该通过立法方式直接规定民间借贷的利率，并设置利率的最高限。其二，民间借贷的利率应实行市场化利率规定。张书清认为，对于民间借贷高低利率的规定我们不能仅仅依据个人喜好进行善恶判断，应该根据不同历史时期的政治、经济和文化以及人的观念进行判断。判断民间借贷行为是否合法不能仅仅依据利率的高低，而利率其实反映的是民间资本的供求关系，只要是借贷双方当事人同意，为双方真实意思表示，则应尊重当事人约定，无论其是否高于银行利率的4倍。目前我国《最高人民法院关于审理民间借贷案件适用法律若干问题的规定》第二十六条规定，借贷双方约定的利率未超过年利率24%，出借人请求借款人按照约定的利率支付利息的，人民法院应予支持。借贷双方约定的利率超过年利率36%，超过部分利息约定无效。借款人请求出借人返还已支付的超过年利率36%部分的利息的，人民法院应予支持。即从2015年9月1日起，我国民间借贷的有效年利率为24%，超过年利率36%的绝对无效，24%—36%之间的为自然债务。[④]

6. 从监管论的角度研究民间借贷的监管机关及其职责

在民间借贷监管制度的设计上，众多学者都认为要加大民间借贷的监管力度。岳彩申认为，要建立和完善民间借贷的监管机构和监管职责，采取法律规定的方式确立科学的监管方式，如建立对民间借贷的合规监管与风险监管相结合的模式。[⑤] 明确民间借贷的监管主体，实现对其有效监管，才能防止金融危机的发生，维护国家金融安全和社会稳定。建立民间借贷的监管制度是给予民间借贷合法地位的重要方式。我国民间借贷的监管应以中国银行业监督委员会为主、以行业协会为辅和民间借贷组织内部管理相结合的“三位一体”的监管体制，实现对民间借贷规范化、制度化和法制化的管理。[⑥] 廖振中、高晋康认为，对民间借贷必须实实在在地建立一套事前识别、防范和事后控制、化解风险的综合监管机制。[⑦] 鉴于民间金融的民间性质，在政府部门的监管之外，尤其要重视行业自律、机构的内部控制以及市场约束的补充与配合。但是，我们也没有必要像对正规金融监管那样事无巨细，应分类对待。通过民间金融中介组织进行的间接融资活动，由于其组织化程度

① 刘慧兰：《关于完善我国民间借贷法律体系的思考》，《金融发展评论》，2010（4）。

② 岳彩申、袁林、陈蓉：《民间借贷制度创新的思路和要点》，《经济法论丛》，2009（1）。

③ 黄绍红：《论民间借贷的规范化发展》，华中科技大学2010年硕士论文。

④ 自然债务为法律债务的对称。债作为特定当事人间的请求为特定行为的法律关系，依据是否能够请求法律强制力之保护，分为自然债务和法律债务。自然债务是失去法律强制力保护，不得请求强制执行的债务。

⑤ 岳彩申、袁林、陈蓉：《民间借贷制度创新的思路和要点》，《经济法论丛》，2009（1）。

⑥ 衷正，邓高峰：《我国民间借贷的规范与监管体系建设研究》，《重庆科技学院学报》（社会科学版），2011（11）。

⑦ 廖振中，高晋康：《我国民间借贷利率管制法治进路的检讨与选择》，《现代法学》，2012（2）。

高，涉及金额巨大，一旦发生风险就会导致严重的后果，因此这是民间金融监管的重点。① 由于现行民间借贷存在超额利润，基于投机心理，民间借贷很容易向非法集资和高利贷转变。因此应加强对民间借贷的监管，将民间借贷活动纳入监管当局的有效监管之下，通过法律的方式建立民间借贷良好的服务体系，使民间借贷的价格和质量得到改进和调整，符合我国各层次市场主体的需求。民间借贷立法必须建立监管制度，构建一个正式监管和自律监管相结合的多层次的金融监管体系和监管模式。②

（二）研究述评

根据以上有关民间借贷的文献综述可以得出，各学科的学者们从不同规制角度提出了对于民间借贷健康、有序发展的建议。如此丰富的材料加深了我们对民间借贷法律制度的理解，相关的研究成果极具借鉴意义。目前国内对民间借贷的研究主要体现在以下几个方面：第一，从经济学的角度研究了民间借贷的成因以及发展；第二，研究某一地域的民间借贷发展对经济发展造成的影响；第三，从民间借贷的商法属性出发研究立法规制；第四，从民间借贷监管的角度研究建立民间借贷监管制度的重要性；第五，从民间借贷法律制度的角度研究其现状及尚需统一立法的必要性。但是从总体上看，以上对于民间借贷的论述也存在诸多不足，尚需通过系统和深入的研究进一步加以完善：

1. 民间借贷与民间商事借贷内涵和外延的界定

民间借贷有广义和狭义之分，但其分类的标准众说纷纭。明确民间借贷的内涵与外延是民间借贷立法的基础，因此其内涵和外延的界定至关重要。民间借贷又可以分为民间民事借贷和民间商事借贷，二者之间划分的理论基础以及各自的内涵与外延，都需要进一步进行界定和研究。

2. 民间商事借贷立法模式的选择问题

对于民间商事借贷法律规制模式的选择，有些学者建议修改现行法律以适应民间商事借贷的发展，也有些学者认为应针对民间商事借贷现状制定一部专门法律予以规制。法律规制模式的选择并无定论，因此有必要根据我国民间商事借贷的现状选择最优立法模式。

3. 民间商事借贷立法规制的内容

众多学者皆论述了民间商事借贷统一立法的必要性和重要性，但对其立法规制的内容缺少详细的论述，因此在民间商事借贷立法的前提下，应对其规制的主要内容进行论述，包括民间商事借贷的准入制度、运行制度、监管制度和退出制度等。

4. 民间商事借贷的监管机关及其职责的规定

对于民间商事借贷监管制度的重要性，众多学者皆已论述，但对于具体监管机关和监管职责的论述较少，缺乏体系化研究。

5. 民间商事借贷组织的退出制度规定

目前我国并没有建立有效的金融退出机制，基于民间商事借贷立法的风险自担原则，应建立有效的民间商事借贷市场退出制度。因此对民间商事借贷组织的退出形式以及退出

---

① 蔡四平：《规范我国民间金融发展的路径选择》，《中央财经大学学报》，2011（2）。

② 岳彩申、袁林、陈蓉：《民间借贷制度创新的思路和要点》，《经济法论丛》，2009（1）。

程序都应进行深入研究。

四、研究方法

（一） 文献分析的方法

文献分析法是一种对研究者不能直接接触的研究对象进行间接观察和了解的方法，其目的是通过对已有文献资料的收集和分析，阐明对有关问题的认识。本书广泛收集、整理了有关民间借贷的文献资料，采用文献分析的方法，厘清相关概念和理论，为本书的论述提供了理论基础和论证素材。

（二） 比较研究的方法

比较研究的方法是指对不同法系、不同国家的法律或者法律制度进行比较，发现其异同及各自的优点和缺点的方法。不同国家的法律由于历史、文化、立法者观念等的不同而具有差异，同时基于人类理性的共通性和法律理念与规则的普世性而存在借鉴和移植改造的可能性，因此具备比较分析的基础和价值。比较研究有制度比较和功能比较之分，制度比较是指选择不同法系、不同国家相同的法律制度进行的比较研究；功能比较是指不管法律制度的名称、内容是否相同，但着重于所解决的社会问题、所担负的功能是相同的。本书主要采用制度比较的方法，借鉴美国、新加坡、日本和我国香港、台湾地区的民间商事借贷的立法经验，为我国民间商事借贷的立法提供一种思路。

（三） 伯克利观察法

伯克利观察法是指美国加州大学伯克利分校的一些法学者所推崇的将法学研究和政策性研究相结合的学术研究方法，强调法学理论应着眼于解决社会现实问题，及时建设回应性法律。伯克利观察法对于研究民间商事借贷问题有着重要的借鉴意义。通过对社会生活的实际观察，我们可以发现当下中国的民间商事借贷问题是一个实实在在的“真问题”，因此需要对社会真实问题进行观察和思考后提出解决之路。

（四） 文本分析的方法

“法学也是文本学，它涉及法律文本、法院的判决和制订新文本的计划。只要涉及有效的法律，这些文本对法学就具有特殊的约束力。”可以说，倘若离开文本，法学本身是难以存在的，特别是在法律成文主义时代。本书通过北大法意网搜集了全国各地法院关于民间借贷的民事判决书并进行了分析，以期发现我国民间商事借贷存在的真实问题，为民间商事借贷立法体系内容的构建提供丰富的素材。

五、本书结构安排

本书主要研究现实生活中民间商事借贷的法律制度构建问题，通过对民间借贷内涵与外延的界定，对不同类型的民间借贷采取不同的规制路径，然后针对民间商事借贷采取专门立法的方式予以规制。第一章是从本体论的角度研究民间商事借贷的法律界定，对民间借贷的历史变迁进行了分析，并认为民间借贷已由传统的民间借贷发展为有组织、有规模、以营利为目的的民间商事借贷。然后，通过对民间商事借贷的发生原因及现行特征分析，得出民间商事借贷的内涵与外延，为民间商事借贷的立法打下基础。第二章对我国民间商事借贷的立法现状及存在的问题进行了分析，指出了其问题所在。第三章采用比较研究的方法对美国、新加坡、日本和我国香港、台湾地区的民间商事借贷立法进行学习与借鉴。第四章是我国民间商事借贷的立法理论基础研究，包括经济学基础、管理学基础和法学基础，为下一步民间商事借贷的立法研究打下了牢固的理论基础，同时论述了我国民间商事借贷统一立法的必要性、可行性以及现实意义。第五章介绍了我国民间商事借贷的立法构建，首先分析了民间商事借贷的三个立法难点与两个突破点。然后对民间商事借贷的立法模式、立法理念、立法目的以及立法基本原则进行了研究。最后在民间商事借贷的准入制度、运行制度、监管制度及退出制度四个方面，构建我国民间商事借贷的立法体系。

第一章

我国民间商事借贷的历史演进与法律界定

第一节　我国民间借贷的历史演进

一、古代社会的民间借贷

在我国古代社会，最早出现民间借贷记录的是周代，《周礼》中多已论及，[天官·小宰]："听称责以傅别。"指的就是借贷合同。[秋官·朝士]："凡民同货财者，令以国法行之，犯令者，刑罚之。"指的是借贷财物，应依法定利息支付，违者处以刑罚。[①] 另外，借贷不仅仅是民间行为，官府也大力提倡民间借贷行为，并且其也具有不可推卸的责任。[地官·泉府]："凡赊者。祭祀无过旬日，丧纪无过三月。"还有，"凡民之贷者，与其有司辨而授之，以国服为之息"。以上文献均为政府放贷之规定。但在周代由于"亲亲"制度的盛行，宗人对于族群的同仁所进行的借贷均为无偿借贷。春秋时期仍为宗族统治社会，商品经济不发达，因此这时期的民间借贷仍以无息为主。随着商品经济的发展以及金属货币的产生和运用，借贷活动规模进一步扩大，在战国后期演变成了以获取利息为目的的借贷。因此在之后的封建社会，有息借贷即成为当时最主要的借贷形式。到了唐代，出现了由富人投资成立的经营货币借贷的金融组织——"质库"，并经营汇兑、存款和代客保管钱财等多项业务。[②] 在宋代。私人借贷与官营借贷并存，正式形成了历史上最早的中国典当业同业行会组织以及专门替他人进行高利贷的经营者——"质库掌事"[③]。在明清时期，典当行业得到了空前发展，同时也出现了一些新的民间借贷组织，最主要的是钱铺，其职能是从事银钱兑换、存款、放款和发行钱票等。票号为清代最主要的民间金融组织形式，其解决了中国传统的货币清算方式，是为了满足社会对更安全和更便捷的需求而产生的，而且其在全国设立分号，形成了全国的网络，对于清朝时期经济的快速发展发挥了至关重要的作用。

综上所述，可以看出民间借贷自古有之，且随着社会经济的发展和需求而不断完善，其为社会经济发展之产物，但政府对于民间借贷的繁荣发展并不是毫无管制，尤其是对其实行利息的严格管制制度。比如唐朝，对于利息的计算方式，采单利原则与一本一利主义，[④] 并禁止虚立倍契。《唐会要》卷八八[杂录]长安元年（701年）十一月十三日敕：

① 冯卓慧、胡留元：《西周法制史》，第165—166页，西安：陕西人民出版社，1988。

② 张兴胜：《史海回眸——唐代封建经济的繁荣与私人高利贷的兴盛》，《银行家》，2007（10）。

③ "质库掌事"指专门经营质押借贷的机构，在宋代非常普遍，是民间借贷的一种主要形式，类似于现代银行信用中介的服务功能，其为一种专门的职业。参见杨卉青、崔勇：《宋代借贷契约及法律调控》，《河北大学学报》（哲学社会科学版），2007（4）。

④ 《魏书》卷一一四[释老志]宣武帝永平四年（511年）诏："若收利过本，及翻改初券，依律免之，勿复征责。"转引自罗彤华：《唐代民间借贷之研究》，第231页，北京：北京大学出版社，2009。

“负债出举，不得回利作本，并法外生利。”在《唐六典》卷六［尚书刑部］条注：“凡质举之利，收子不得逾五分。出息债过其倍，若回利充本，官不理。”可见唐朝为了应付民间借贷重利盘剥的计息方式，屡次申明不得回利作本，其立场一贯、态度坚定，但也足见政策落实之不易。我国古代的民间借贷在商品经济发达社会，即出现了以放贷为业的民间借贷组织，如唐代的“质库”和宋代的“质库掌事”，当时政府对之态度为支持，其满足了社会对便捷和安全的需求，促进了当时社会经济的快速发展。但国家对此也并非毫不理会，而是采用利息限制的方式进行管制，规避风险。

二、近代社会的民间借贷

民国时期，我国民间借贷出现了新的组织形式：企业集资、钱会和农村资金合作社。企业集资是指在20世纪20年代后期，公司以广告的形式大肆宣传鼓动，通过高息揽储或者赠送礼品的形式吸收社会闲散资金，谋求自身发展。[①] 另外，钱会也是民国时期最主要的一种民间借贷的组织形式。钱会是指建立在地缘或人缘基础上的亲朋好友之间以互相帮助为目的而成立的一种合会。钱会的会规中一般都会出现“谨以义起，冀以信终”的字眼，可见钱会建立在会员相互信任的情谊之中，由于它是在熟人网络之间建立，因此范围一般较小。但钱会发展到后期，其性质逐渐发生了变化，从纯粹的临时经济互助活动向常规化的经济组织模式转化，人们更多的是利用钱会的保值增值特性而组织钱会或参与钱会。[②] 民国时期的立法中虽未对钱会制定专门法律进行规制，但国家法律明确规定了习惯法的效力，如1929年的《中华民国民法典》第一条就有相关规定，因此，钱会在一定程度上适应了当时社会之发展，具有存在的合理性。国家立法和司法尊重钱会的习惯，力求发挥其积极作用，避免其风险。

另外一种民间借贷的组织形式为农村资金合作社。农村资金合作社是由农民和农村企业自愿入股组成，为社员提供存款、贷款、结算等业务的金融组织。从农村资金合作社的发展来看似乎相当迅猛，到抗战前已达37 318个，数量上看似惊人，但从我国实际国情来看，与需要仍是相去甚远。1935年全国有合作社26 224个，但各市县摊得之社数却很有限。另外由于资金合作社多为短期放款，放款期限多为半年至一年，如此短的贷款期限不符合农业贷款的特点。农业生产周期长，资金周转慢，受自然环境影响大，一年以内的短期贷款常使农民深感周转不灵之苦。他们很难将这种贷款用于改进和推广农业生产。同时，放款数额的微小，也很难使债务缠身的农民把借款用于正当的生产用途。放债数额小，对于农民来讲也是杯水车薪，根本满足不了农民的实际需要。

近代社会的民间借贷形式主要是钱会和资金合作社，钱会从发展之初以互助借贷为目的转变为以营利为目的，也体现了民间借贷性质由民事向商事的转变，但国家并未对此采取禁止的态度，而是作为习惯法调整民间借贷现象，表现了政府对民间借贷的支持。农村资金合作社的存在依然体现了“三农”中“融资难、融资贵”的问题，这类问题并非现代农村的新现象，而是早已存在的事实。这一矛盾的存在严重制约了农村经济的发展，不利

---

① 朱荫贵：《论近代中国企业商号吸收社会储蓄——1930年南京政府禁令颁布前后的分析》，《复旦学报》（社会科学版），2007（5）。

② 黄志繁：《清至民国徽州钱会性质及规制之演化——基于婺源县钱会文书的分析》，《中国农史》，2013（2）。

于农民生活水平的提高。

三、现代社会的民间借贷

现代中国社会的民间借贷是指1949年新中国成立之后到今日的民间借贷发展状况，以改革开放为分界点，具体分为两个阶段：新中国成立后至改革开放之前与改革开放之后至今日。

（一）新中国成立之后至改革开放之前

新中国成立之后至改革开放之前的30年间，我国实行优先发展经济的策略，因此采取垄断金融资源并压低利率的方法，将金融资源投向重工业的发展。在此阶段，民间借贷的发展经历了宽容、抑制、打压和取缔的过程。1950年8月，中国人民银行对民间借贷持宽容、支持的态度。① 新中国成立初期，民间借贷是被鼓励发展的，但因为对民间借贷宽容的政策导致高利贷现象横行，严重危害了国家的经济发展，因此，对其实施了打压和取缔。② 之后我国对民间借贷进行了社会主义改造，改造之后，民间借贷受到了国家政策的打压，社会中的民间借贷组织基本消失，只剩下自然人之间的借贷形式存在，因此范围极其狭小。

（二）改革开放之后至今日

改革开放之后，国家重视和支持非国有经济的发展。但由于正规金融贷款流向国有企业，因此非国有经济发展遇到了资金上的困难，此时民间借贷应运而生，也得到国家不断的肯定与支持。但并不是所有的民间借贷均得到国家的支持，企业间借贷就一直受到抑制。当今社会民间借贷的主要形式有：私人借贷、“银中或银背”、典当行、互助会、私人钱庄、联结贷款和企业集资等。按照民间借贷的组织发展程度，可分为初级形态、中级形态和高级形态。其中私人借贷和“银中或银背”为民间借贷的初级形态；私人钱庄为民间借贷的高级形态，剩余的为民间借贷的中级形态。因此目前我国民间借贷主要呈现了两大特点：第一，组织化。民间借贷由私人借贷向组织借贷转变，现实生活中出现了一批以组织形式存在的放贷机构，并且范围在逐渐扩大，由沿海经济发达地区延伸至内陆。第二，营利化。民间借贷由传统的互助目的向营利目的转变，利息之高达到了百分之百，高利贷现象普遍。因此，我国政府认识到了民间借贷出现的新特征以及对我国社会经济的积极作用，并制定了一系列政策予以支持。第三，规模化。民间借贷的规模正逐渐扩大，主要包括三个方面，分别是民间借贷金额的扩大、民间借贷涉及的人数增多和民间借贷造成的影响巨大。

2011年，《最高人民法院关于依法妥善审理民间借贷纠纷案件促进经济发展维护社会稳定的通知》中明确指出，民间借贷客观上拓宽了中小企业的融资渠道，一定程度上解决

① 1950年8月，中国人民银行总行在《人民银行区行行长会议关于几个问题的决定》中指出，大力提倡恢复与发展农村私人借贷关系，我们应结合当地党政部门宣传借贷自由政策，鼓励私人借贷的恢复与发展。利息数不要限制，债权应予保障。1953年3月，中共中央关于《春耕生产给各级党委的指示》提出，允许农民间的借贷自由，发展信用合作以补国家银行农业贷款之不足。

② 1952年，中共中央东北局认为高利贷破坏农村经济发展，促进阶级分化，应该予以取缔。

了部分社会融资需求，增强了经济运行的自我调整和适应能力，促进了多层次信贷市场的形成和发展。但是，由于民间借贷本身也存在着高风险、高隐蔽性及风险不易控等特点，加大了司法部门处理民间借贷纠纷的难度。加之民间借贷极易与非法集资和高利贷等行为相互转化，出现了暴力催收导致人身伤害等违法犯罪行为，因此对我国的金融秩序乃至经济发展、社会稳定造成了严重影响。同时，这也是促进我国民间借贷立法的一个信号。早在 2008 年爆发全球金融危机时，我国为了应对金融危机，中国人民银行拟定了《放贷人条例》待国务院审批，但因各种原因，此条例迟迟未获通过。但是在民间借贷发展迅速的地区，各地政府根据本地的经济发展状况和民间借贷的发展，先行制定了地方法规。比如 2012 年鄂尔多斯市人民政府关于《鄂尔多斯市规范民间借贷暂行办法》的通知中就对民间借贷行为进行了法律规制。2013 年 11 月 22 日，《温州民间融资管理条例》获得了浙江省十二届人大常委会第六次会议的通过，于 2014 年 3 月 1 日正式施行，这是我国首部关于民间借贷的法律。2015 年 6 月 23 日，最高人民法院审判委员会第 1 655 次会议通过了《最高人民法院关于审理民间借贷案件适用法律若干问题的规定》，于 2015 年 9 月 1 日施行。2015 年 8 月 12 日，国务院法制办公布了《融资担保公司管理条例（征求意见稿）》和《非存款类放贷组织条例（征求意见稿）》。这些法律的出台表明了我国治理民间借贷乱象的决心。

第二节　我国民间借贷的基本问题

一、民间借贷的内涵

关于民间借贷的内涵，有广义说和狭义说两种。持广义说的学者李政辉认为，民间借贷就是非金融机构的主体间所发生的资金借贷，包括企业之间、自然人之间以及自然人与企业之间的资金借贷。金融机构持有金融许可证，获得了行政许可，具有合法性。金融机构缺位，社会主体间所为的借贷行为统称为民间借贷，此为民间借贷的广义解释。① 民间借贷概念的界定是相对于正规金融而言的，是指在金融体系中没有受到国家信用控制和监管当局监管的金融交易活动，包括非正规的金融中介和非正规的金融市场。② 从经济学的角度而言，民间借贷游离于官方监管之外，实质上是一种处于国家货币政策宏观调控和规范金融市场之外的民间自发形成的、短期投资或投机的个人金融行为。③ 2013 年 8 月公布的《最高人民法院关于审理民间借贷案件适用法律若干问题的规定（征求意见稿）》第一条规定，民间借贷是指自然人、法人、其他组织之间及其相互之间进行资金融通的行为。经政府金融监管部门批准设立的融资担保公司、融资租赁公司、典当行、小额贷款公司、投资咨询公司、农村资金互助合作社等非银行金融机构法人及其分支机构，通过担保、租

---

① 李政辉：《论我国民间借贷的规制模式及改进——以民商分立为线索》，《法治研究》，2011（2）。
② 张书清：《民间借贷法律价值体系的重构》，《上海金融》，2009（2）。
③ 赵泉民：《农村民间借贷兴盛的内蕴、效应及对策》，《农业经济问题》，2003（10）。

赁、典当、小额贷款等形式进行贷款业务，引发的纠纷适用本解释。经政府金融监管部门批准设立的从事贷款业务的银行及其分支机构发放贷款引发的纠纷，不适用本解释。

从上述民间借贷的广义定义来看，民间借贷与国家正规金融相对，其内涵与外延相当于国外的民间金融，民间金融即非正规金融（informal finance），世界银行将它界定为没有被中央银行或监管当局所控制的金融活动，是我国对于在国家金融体系外运行的金融活动的统称。① 金融机构的缺位，社会主体间所为的借贷行为统称为民间借贷。② 广义的民间借贷的外延应包括自然人之间借贷、自然人与企业之间借贷、企业间借贷、合会、农村合作基金会、地下私人钱庄和私募基金等。

以上关于民间借贷的定义主要是从民间借贷的主体或者地区进行了狭义的解释，笔者认为这种定义已不符合民间借贷的发展现实。首先，民间借贷的主体并非只是公民之间，对现实生活中造成巨大影响的民间借贷主体多为有组织、有规模的放贷组织，其形式多种多样，可以为自然人、合伙、公司等，因此限定民间借贷的主体为自然人并不合理。其次，民间借贷的地点也发生了变化，并非只是发生在农村地区。“三农”融资问题固然严重，但大多数靠民间借贷可以解决，目前我国中小企业融资问题更需要关注，在其寻求正规金融无果之时多数选择民间借贷。另外，爆发民间借贷危机的地区多为我国经济发达地区，比如浙江温州、江苏泗洪、内蒙古鄂尔多斯和陕西神木等。

笔者认为，广义的民间借贷与狭义的民间借贷皆不能准确地界定其内涵与外延，民间借贷应当包括以下几点内涵：第一，金融组织的非正规性。我国的商业银行应经过国务院银行业监督管理机构审查批准，未经国务院银行业监督管理机构批准，任何单位和个人不得从事吸收公众存款等商业银行业务。③ 民间借贷的放贷组织一般都未经过国务院银行业监督管理机构的批准，因此也有人称之为民间金融，即指在金融体系中没有受到国家信用管制和国家监管机构监管的金融交易活动。④ 第二，主体的广泛性。民间借贷的主体广泛，其组织形式多种多样。民间借贷的主体可以是自然人、合伙组织、公司等。传统的民间借贷主体主要是自然人与自然人之间的借贷，随着社会经济的发展，尤其是近些年来，民间借贷的主体由自然人向组织转变。目前对社会造成较大影响的民间借贷多数发生在组织之间的借贷，比如小额贷款公司、担保公司、典当行以及地下钱庄等主体。第三，行为的不受监管性。目前调整民间借贷的法律主要为《中华人民共和国民法通则》以及《中华人民共和国合同法》，自然人之间借贷以及自然人同组织之间的借贷受到法律保护，而企业间借贷因 1996 年中国人民银行发布的《贷款通则》⑤ 和 1998 年《非法金融机构和非法金融业务活动取缔办法》中的规定，其效力受到抑制。⑥ 因此，我们国家针对民间借贷行为缺乏明确的监管机构及监管内容。第四，活动内容为转移资金所有权。民间借贷主体之间因

① 高晋康：《民间金融法制化的界限与路径选择》，《中国法学》，2008（4）。

② 李政辉：《论我国民间借贷的规制模式及改进——以民商分立为线索》，《法治研究》，2011（2）。

③ 我国《商业银行法》第十一条规定，设立商业银行，应当经国务院银行业监督管理机构审查批准。未经国务院银行业监督管理机构批准，任何单位和个人不得从事吸收公众存款等商业银行业务，任何单位不得在名称中使用“银行”字样。

④ 张书清：《民间借贷法律价值体系的重构》，《上海金融》，2009（2）。

⑤ 我国《贷款通则》第六十一条规定，企业之间不得违反国家规定办理借贷或者变相借贷融资业务。

⑥ 1998 年 7 月 13 日中华人民共和国国务院令第 247 号发布的《非法金融机构和非法金融业务活动取缔办法》第五条规定，未经中国人民银行依法批准，任何单位和个人不得擅自设立金融机构或者擅自从事金融业务活动。第六条规定，非法金融机构和非法金融业务活动由中国人民银行予以取缔。

生活、生产之需转移资金所有权的行为，其中并不以支付利息为必要。传统民间借贷一般发生于熟人、友人、亲戚之间，大多数为解决生活困难之需，因此借贷之间并无利息的约定；目前的民间借贷已呈现出了新的特征，即对社会造成深远影响的民间借贷多为高利贷行为，且行为方式极其隐蔽，利息可达百分之百，大多数以获取利息为目的。因此根据以上对民间借贷内涵的界定，其定义应为：民间借贷是指未经国家权力机构批准，发生于自然人之间、自然人与企业之间以及企业之间有偿或无偿转让资金所有权的行为。

二、民间借贷的特征

中央财经大学中国银行业研究中心主任郭田勇表示，当前我国民间借贷正呈现三大新特征：一是范围广。从两年前的江浙等沿海地区扩展到陕西、内蒙古等内陆地区，从制造业领域扩展到商贸流通业甚至普通家庭。二是利息高。一些地方民间借贷年息已超过百分之百，达到近年来最高。三是参与者众多。在高利息和资金需求旺盛的因素下，出现了资金拆解“二传手”。我国民间融资呈现出两个新特点：一是民间融资呈现组织化；二是民间融资流向呈现投机性。① 综观现代社会之民间借贷发展，其主要特征有以下四点：

（一） 参与主体与资金来源的多元性

民间借贷的参与主体多种多样，且其组织形式不受限制。民间借贷的参与主体主要有：自然人、法人、合伙组织等。在 2015 年 9 月 1 日之前，我国法律只保护自然人之间的借贷以及自然人同企业之间的借贷，企业之间的合同借贷效力被否定，但在现实的司法实践中，有逐渐放开企业间借贷合同效力的趋势。在我国计划经济时期，否认企业间借贷行为的效力有其特定的经济基础和社会基础，但在市场经济条件下，企业间借贷作为金融体制的一种有益补充，促进了我国经济的发展，因此司法实践中对其借贷合同效力的认定也有一定程度的缓和。故放开企业间借贷是我国民间借贷发展的大势所趋。为了应对现实生活中的需求，于 2015 年 9 月 1 日施行的《最高人民法院关于审理民间借贷案件适用法律若干问题的规定》第十一条规定，法人之间、其他组织之间以及它们相互之间为生产、经营需要订立的民间借贷合同，除存在合同法第五十二条、本规定第十四条规定的情形外，当事人主张民间借贷合同有效的，人民法院应予支持。因此我国最高人民法院的司法解释目前已有条件地承认了企业间借贷的合同效力。另外，我国法律规定典当行、投资公司和担保公司等都不允许开展放贷业务，但现实生活中，这些公司大都开展了对外放贷业务，损害了我国的金融秩序。因此民间借贷的参与主体较之以往呈现出多元性的特征。

民间借贷的参与主体由自然人向企业扩展，由普遍存在的自然人之间借贷向自然人与企业间借贷和企业与企业间借贷扩展，甚至一些放贷组织利用在银行低息获得的贷款高息放贷给企业组织，因此，民间借贷的主体呈现出多样化的特征。民间借贷的资金来源也呈现出多样化的特征，主要包括城乡居民积蓄、生产经营过程中的积累资金、来源不明的资金和借入资金以及向银行借入与向亲戚朋友借入的资金等。出借资金来源中自有资金占绝对比重，这说明了民间金融市场上，大部分是拥有大量资金的出借方在市场

① 吴正：《民间借贷疯狂增长，高利贷隐忧重重》，《科技智囊》，2011 (9)。

投资渠道较少、投资品种不多的情况下用自有的闲置资金投资于民间金融市场，调剂资金余缺。可见传统的民间借贷多为资金充裕者利用自有资金进行放贷，但随着民间借贷的发展，除了民间资本，银行也难以置身事外，甚至有银行资金也充当了民间拆借的“二传手”。

银监会原主席刘明康曾表示，目前中国沿海地区约有3万亿元的银行贷款流入民间借贷市场。民间借贷出现了新特征：资金多元化，甚至境外资金也加入到民间借贷的行列，银行资金也通过各种渠道变相流入民间借贷的“池子”。银行资金则以一种更为隐蔽、合法的方式流入民间借贷市场。温州有些知情人称，一些银行工作人员利用职务之便，套取资金，与人合伙开担保公司，以假实业的方式把钱借出来，再翻倍贷出去。温州的银行资金还通过上市公司、国企等途径流入民间借贷市场。银行低息贷款给上市公司或国企，上市公司以委托贷款的形式将其高息发放出去，银行收取正常贷款利息和委托贷款手续费，各得其所。而一些国企或大型企业从银行贷款，利率上浮到年息8%左右。地下钱庄给这些企业每月2分利，年息24%，除去还给银行的利息，企业坐收16%的净利。温州市金融办主任曾坦承，银行资金流入高利贷市场的行为确实存在，这与监管失职相关。由于信贷需求旺盛，许多企业纷纷转行从事高利贷业务，一些大型企业从银行低成本拿到贷款后放高利贷，赚取巨额利息、利差，实际上成为高利贷市场从银行融资的平台，一些国有担保公司、财务公司也在利用国有银行的资金，偷偷地放高利贷。

综上所述，民间借贷的主体和资金来源均呈现出多样化特征。

（二） 民间借贷组织与利息的隐蔽性

由于国家对金融业采取严格的市场准入制度，我国目前的民间借贷，除了经过国家有关部门批准的小额贷款公司、典当行等外，均游离于国家金融部门监管之外，得不到我国法律的认可和保护，因此只能转移到地下秘密进行，具有极强的隐蔽性。我国《非法金融机构和非法金融业务活动取缔办法》中规定，任何非法金融机构和非法金融业务活动必须予以取缔。① 非法发放贷款行为是指未经金融监管部门批准，以营利为目的，向不特定的对象出借资金，以此谋取高额非法收入的行为。非法发放贷款的行为主体可以是单位，亦可以是个人，其行为特点是未经有关部门批准，没有合法的经营金融业务资格，经常性地向不特定的单位或个人出借资金，出借款项一般笔数多、累计金额高，多个借贷行为累计持续时间较长，客观上已形成一种非法的金融业务活动。

民间借贷的隐蔽性包括民间借贷组织的隐蔽性和民间借贷活动的隐蔽性。由于国家对金融制度的管控，只有经过中国人民银行的批准才有放贷的权利，因此，一些民间借贷组织在私底下秘密进行放贷，比如现实生活中的典当行、投资公司以及地下钱庄等。民间借贷利息的隐蔽性主要是指民间借贷的利率具有极大的隐蔽性。我国法律规定对超过银行同期贷款4倍的利息不予保护，而民间借贷中多为高利贷行为，为了规避法律监管，其利息的支付一般采取事前扣除、另外结算等隐蔽性的方式进行，以掩盖其违法行为。假如某人借贷1 000万元，期限为1个月，提供房产抵押担保等，抵押物价值在借贷金额两倍即2 000万元以上，办妥担保手续后，以个人名义出借资金。资金借贷合同上标明的利息一

① 《非法金融机构和非法金融业务活动取缔办法》第二条规定，任何非法金融机构和非法金融业务活动，必须予以取缔。

般均符合法律规定，但在资金放贷出去之后，利息已经提前扣除。加入按月息 8 分利算，借款方事先就要支付 80 万元的利息，利息通常直接在借款前扣除，因此借贷合同上标明的借款是1 000万元，而实际上借款人只拿到 920 万元。因此民间借贷的利息具有一定的隐蔽性，增加了现实生活中法官对民间借贷案件的审查难度。

（三） 鲜明的地域特征

民间借贷呈现出鲜明的地域性特征。民间借贷不再是东部沿海经济发达地区特有的现象，我国的民间借贷呈现出不同的地域特征，这一特点加大了民间借贷统一立法和监管的难度。民间借贷首先在我国东部沿海经济发达地区开始发展，比如温州地下钱庄可谓中国借贷危机的策源地；福建地下钱庄，每年非法资金流达上千亿元；鄂尔多斯地下钱庄有近 2 000 家，触角甚至伸到了陕西神木；山东地下钱庄，大批韩国人参与其中；江苏地下钱庄，部分政府官员深陷；广东地下钱庄，神秘的“百慕大珠三角”；湖南地下钱庄，广东“进攻”中西部地区的跳板……非法吸存、非法放贷钱庄在中国大多数省份均有存在，尤以江浙和东北地区表现突出，在各地分别以标会、台会、互助会等形式出现；非法买卖外汇的地区以广东、福建、山东为主，这类钱庄主要分布在广东、福建、山东等沿海地区，在广东、福建以非法买卖港元、日元为主，在山东等地以非法买卖韩元和美元为主；非法典押、放高利贷的地区以湖南和江西为主，包括一些已被国家清理整顿的典当行也转为地下继续经营。由于各地区经济发展程度的差异，民间借贷也表现出了不同的特征，加大了国家监管成本和制定全国统一法律的难度。

（四） 高风险性

民间借贷作为我国金融体系的一部分，具有高风险性。其游离于国家正规金融监管之外，不受国家调控，资金利益易受驱使，很容易流入国家限制的行业。[①] 民间借贷的风险主要体现在金融风险和社会风险两个方面。

1. 金融风险

随着民间借贷的发展，其资金来源的多元性使得银行资金大量转入民间借贷市场，这给金融安全敲响了警钟。民间借贷演变为高利贷并不会对我国金融制度构成全面威胁，但如果银行资金大量流入转变为民间高利贷，则会对我国金融制度构成系统性风险。众多中小企业资金链断裂，无法偿还贷款，最终对我国正规金融制度构成威胁，出现“中国式次贷危机”。

2. 社会风险

在信贷需求高速增长、信贷资源分配结构性失衡和经济运行环境日益复杂的三重背景下，民间借贷的规模明显扩张，导致部分信贷资金游离于实体经济之外，从事资金逐利和套利的活动。因此各地法院的民间借贷案件数量激增，法院在处理金融纠纷案件的背后，承担着相当大的政策风险。民间借贷导致中小企业资金链断裂，“老板跑路”“暴力追债”的现象不断上演，因此容易引发区域性的社会风险，进而导致连环诉讼和信访等群体性事件的爆发，给法院审理案件等工作带来很大压力，严重影响社会稳定。

---

① 李进翠、张天娇：《新形势下的农村民间借贷行为浅析》，《新财经》（理论版），2011 (3)。

三、民间借贷的表现形式

（一）私人之间借贷

私人之间借贷是指自然人之间以及自然人同组织之间的借贷。我国最高人民法院的民事案件中的借贷案分为民间借贷和企业间借贷，此处私人间借贷即指狭义的民间借贷。合法的民间借贷受到我国法律的保护，即我国法律保护不超过银行同期贷款利率 4 倍的民间借贷，超过的利率法院均不予支持。私人间的民间借贷具有以下特点：第一，借贷双方多为熟悉的亲戚朋友。私人间借贷多发生在借贷双方较为熟悉的亲朋好友之间。第二，借贷目的一般为互助。私人间借贷的目的多为互助，并不是以营利为目的的。第三，借款期限短，无利息约定或利率较低。因私人间借贷多为互助形式，因此其借款期限一般较短，且多为无利息的约定，如果有利息约定，其利息约定一般较低，均没有超过银行同期贷款利率的 4 倍。第四，借贷形式简单。私人间借贷合同一般为口头约定，没有书面正式合同，即使有书面正式合同，其约定内容也较简单、随意。第五，履约率高。私人间借贷多发生在熟悉的亲朋好友之间，因此道德约束在民间借贷的履约率中得到了很好的发挥。私人之间借贷为民间借贷最传统的一种形式。

（二）企业间借贷

企业间借贷是金融机构之外的企业法人之间或者企业法人与非法人其他组织之间以及非法人其他组织之间所订立的，由一方向另一方给付一定数量的货币，并要求接受给付的一方在约定的期间内归还相同数量的货币，同时支付一定数量的利息（资金占用费）或利润的合同。[①] 企业间借贷是现实生活中的普遍现象，不仅仅普通的企业间存在资金借贷行为，一些上市公司的报表中依然能发现存在企业间借贷的现象。但目前我国法律对企业间借贷合同的效力是予以否认的，根据我国法院针对企业间借贷的判决书可以看出，其依据大多为《中华人民共和国合同法》第五十二条第（三）项或者第（五）项。[②] 我国早在 1990 年，最高人民法院在《关于审理联营合同纠纷案件若干问题的解答》中第四条第（二）项中即规定，明为联营，实为借贷，违反了有关金融法规，应当确认合同无效。因此企业间借贷违反了我国有关金融法规，应被视为无效合同。但最高人民法院杜万华法官在关于《最高人民法院关于审理民间借贷案件适用法律若干问题的规定》（下简称《规定》）答记者问中提到，在改革开放特别是 1993 年之后，借贷的主体逐渐地从自然人之间的借贷、自然人与企业之间的借贷发展到企业与企业之间的借贷，主体变化很多，甚至发展到企业的负责人以自然人的身份借贷，借贷以后又用于企业，这样的情况非常复杂，因此，在《规定》中有条件地认可了企业间借贷合同的法律效力。

（三）互助会或合会

互助会，通俗说法称标会或做会，在法律上则为合会，是民间一种小额信用贷款的形

① 龙翼飞、杨建文：《企业间借贷合同的效力认定及责任承担》，《现代法学》，2008（2）。

② 《中华人民共和国合同法》第五十二条规定，有下列情形之一的，合同无效：（一）一方以欺诈、胁迫的手段订立合同，损害国家利益；（二）恶意串通，损害国家、集体或者第三人利益；（三）以合法形式掩盖非法目的；（四）损害社会公共利益；（五）违反法律、行政法规的强制性规定。

态，具有赚取利息与筹措资金的功能。互助会的起会人称为会首（或称会头），其余参加互助会的人则为会员（或称会脚）。国外多称之为“轮转基金会”（Rotating Savings and Credit Association），日本称之为“讲”。合会是我国古代就已经存在的一种民间金融组织。这种金融组织为解决民间个人生活或生产经营中的资金困难，由一个自然人（会头）发起，组织若干人（会脚）参加入会，每位会员每期拿出约定数额的“会钱”，某期“会钱”集中起来后统一由某人使用，各会员轮流享有一次“会钱”的使用权，先用的人支付利息，后用的人获得利息，全部轮流一次后，合会解散。按照会员取得“会钱”使用权方式的不同，可以分别称为摇会、标会、轮会等。其中，摇会通过摇号来决定当期使用“会钱”的人，标会通过投标利率的高低来决定当期使用“会钱”的人，轮会按照预先确认的顺序轮流来获得“会钱”的使用权。在现实生活中，合会还可以发展出许多种类，由此也产生了许多相应的名称。当它脱离了地缘、血缘关系和互助性，通过会抬会、会套会等手段成为一种在较大范围内存在的金融骗局之后，不仅不会对会员的生产、生活产生任何帮助，还会成为一种引发金融风险的导火线。

（四） 典当行

典当是指当户将其动产、财产权利作为当物质押或者将其房地产作为当物抵押给典当行，交付一定比例费用，取得当金，并在约定期限内支付当金利息、偿还当金、赎回当物的行为。典当行，亦称当铺，是专门发放质押贷款的非正规边缘性金融机构，是以货币借贷为主和商品销售为辅的市场中介组织。我国《典当管理办法》于 2005 年 4 月 1 日开始施行。该法第二十六条规定，典当行不准集资、吸收存款或者变相吸收存款和发放信用贷款。[①] 但是，在现实生活中，典当行大都秘密在国家监管之外进行此类活动。典当是以特殊财务抵押或质押做限期有偿借贷的特殊融资行为，其本质属性是资金借贷行为。[②] 因此典当属于我国民间借贷的一种形式。

（五） 农村合作基金会

农村合作基金会是 1984 年在我国开始创办的，20 世纪 80 年代初，由于农村信用社长期受中国农业银行领导，具有浓重的商业性色彩，与农户的资金需求不符，导致农村合作金融缺位。因此，“三农”事业的发展开始转向了民间借贷，导致高利贷行为猖獗。1991 年，农经字第 11 号《关于加强农村合作基金会规范化、制度化建设若干问题的通知》中规定，农村合作基金会是在坚持所有权和收益权不变的前提下，由乡村集体经济组织及其成员按照自愿互利、有偿使用的原则而建立，主要从事集体资金管理和融通活动的资金合作组织，它通过调剂资金余缺，支持本乡(镇)、本村范围内农户和企业发展生产。但是，随着农村合作基金会的发展，出现了许多问题，主要表现在：第一，从农村合作基金会自身发展的角度而言，行政干预严重，管理不严，形成了巨额不良资产，存在严重的制度缺陷，因此引发了金融风险；第二，从政府监管角度而言，农村合作基金会同中央的金融政

---

① 参见我国《典当管理办法》第二十六条规定，典当行不得经营下列业务：（一）非绝当物品的销售以及旧物收购、寄售；（二）动产抵押业务；（三）集资、吸收存款或者变相吸收存款；（四）发放信用贷款；（五）未经商务部批准的其他业务。

② 全国典当从业资格认证辅导教材编委会：《典当基础理论与基本业务技能》，第 124 页，2008。

策相冲突，不符合中央对农村合作基金会的定位，为了有效地防范和化解金融风险，1991年1月，国务院发布［1999］3号文件，正式宣布在全国范围内统一取缔农村合作基金会。但是，目前仍然有个别地区存在农村合作基金会，它已成为一种纯粹的民间金融组织。此外，还有一些以各种名义设立的互助会、储金会等，它们除经营互助业务外，也经营银行类业务。①

（六） 小额贷款公司

小额贷款公司是经过中国银行监督委员会批准经营放贷业务的企业法人，可由自然人、企业法人与其社会组织投资设立，不吸收公众存款，经营小额贷款业务的有限责任公司或股份有限公司。与银行相比，小额贷款公司更为便捷、迅速，适合中小企业、个体工商户的资金需求；与民间借贷相比，小额贷款更加规范、贷款利息可双方协商。小额贷款公司是企业法人，有独立的法人财产，享有法人财产权，以全部财产对其债务承担民事责任。小额贷款公司股东依法享有资产收益、参与重大决策和选择管理者等权利，以其认缴的出资额或认购的股份为限对公司承担责任。小额贷款公司应遵守国家法律、行政法规，执行国家金融方针和政策，执行金融企业财务准则和会计制度，依法接受各级政府及相关部门的监督管理。小额贷款公司应执行国家金融方针和政策，在法律法规规定的范围内开展业务，自主经营，自负盈亏，自我约束，自担风险，其合法的经营活动受法律保护，不受任何单位和个人的干涉。

（七） 民间集资

我国民间集资的形式多种多样，既有企事业单位的集资，又有行政机关的集资，集资的目的也多种多样，表现为为了生产经营活动集资或者办理非营利事业等。目前我国尚未有专门调整民间集资活动的法律规范，民间集资极易演变为非法集资的违法犯罪行为，因此给我国经济的健康快速发展造成了很大的影响。浙江省高级人民法院发布《关于为促进中小企业加快创业创新发展提供司法保障的指导意见》（下简称《指导意见》），明确对一些具有集资特点的民间借贷行为可不认定为“非法集资”，并可酌情不作犯罪处理。根据《指导意见》，对未经社会公开宣传，在单位职工或亲友内部针对特定对象筹集资金的，一般不作为非法集资；资金主要用于生产经营及相关活动，行为人有还款意愿，能及时清退集资款项，情节轻微，社会危害不大的，可免予刑事处罚或不作为犯罪处理。《最高人民法院关于审理民间借贷案件适用法律若干问题的规定》第十四条第（二）规定，以向其他企业借贷或者向本单位职工集资取得的资金又转贷给借款人牟利，且借款人事先知道或者应当知道的，民间借贷合同无效。

（八） 地下钱庄

地下钱庄是指从事资金支付结算业务、买卖外汇、跨境转款等非法经营业务活动的非法金融组织，资金通过地下钱庄进出对国家金融安全是严峻的考验，地下钱庄游离于金融监管体系之外，利用或部分利用金融机构的资金结算网络，从事非法金融业务。根据地区的不同，地下钱庄从事的非法业务有很多，比如：非法吸收公众存款、非法借贷拆借、非

---

① 刘少军：《民间金融的类型与法理分析》（上），《中国流通经济》，2012（9）。

法高利转贷、非法买卖外汇以及非法典当、私募基金等。其中，又以非法买卖外汇和充当洗钱工具最为人熟知。根据1998年6月30日国务院通过施行的《非法金融机构和非法金融业务活动取缔办法》第三条规定，本办法所称非法金融机构，是指未经中国人民银行批准，擅自设立从事或者主要从事吸收存款、发放贷款……融资担保、外汇买卖等金融业务活动的机构。因此，地下钱庄属非法金融机构。地下钱庄在国外也有多种表现形态。在美国、加拿大、日本等地的华人区称之为"地下银行"，主要从事社区华人的汇款、收款业务。类似地下钱庄的组织机构在亚洲还有很多，一些地下钱庄在印度、巴基斯坦已发展成为网络化、专业化的地下银行系统。地下钱庄多出现在外向型经济较发达的沿海地区，进行非法外汇交易的大部分是企业。由于这些企业对外汇的需求量很大，但国家实行外汇管制，通过正常渠道得到的外汇数额有限。而且，按正常做法外汇从申请到真正能够使用，需要经过几个月甚至更长的时间和繁琐的手续。地下钱庄的非法交易手续简单，费用低廉，通常只收取1%到2%的佣金，对有关企业极具诱惑力。

地下钱庄主要分布在广东、福建、浙江、江苏、山东等经济发达的沿海地区，而且由于不同的地理环境和市场需求，地下钱庄在各地的"经营"形态也不同，主要有三种：第一种，以非法买卖外汇为主要业务的地下钱庄。这类钱庄主要分布在广东、福建、山东等沿海地区，在广东、福建以非法买卖港币为主，在山东等地以非法买卖韩币和美元为主。第二种，以非法吸存、非法放贷为主要业务的地下钱庄。这类钱庄在全国大多数省份均有，尤以浙江、江苏、福建、云南等省表现突出，在各地分别以标会、台会、互助会等形式出现。第三种，以非法典押、非法高利贷为主要业务的地下钱庄。这类钱庄分布在湖南、江西等一些内地省份，包括一些已被国家清理整顿的典当行也转为地下继续经营。

四、民间借贷发生的原因

民间借贷作为一种古老的融资方式，是民间各经济主体之间为解决生产、经营、投资、生活等各方面的资金需求应运而生的一种融资形式，相对于国家信用、银行贷款，民间融资是一个非常广阔的无形市场，融资渠道的多样性在一定程度上弥补了国家正规金融渠道的不足，因此为我国市场经济的快速发展做出了重要贡献。民间借贷之所以自古有之，且在当今社会的发展呈现欣欣向荣之局面，主要基于以下几点原因。

（一）国家政策原因

美国经济学家格利（J. G. Gurley）和爱德华·肖（Edward Shaw）认为经济的发展是金融发展的前提和基础，而金融的发展是经济发展的动力和手段。罗纳德·I·麦金农（Ronald I. Mckinnon）和肖在批判传统货币理论和凯恩斯主义的基础上，论证了金融发展与经济发展相互制约、相互促进的辩证关系。他们根据发展中国家的实际情况提出了金融抑制，它解释了发展中国家金融业因抑制而不能有效促进经济增长的现象，其所描述的金融抑制现象主要表现在以下几个方面：

1. 名义利率限制

发展中国家一般都对贷款和存款的名义利率进行控制，时而采取规定上限的形式，时而又采用规定某一百分比的形式。这种低的或负的极不确定的实际存款利率，压制了社会对金融中介机构实际债权存量的需求。同时，这些措施使间接融资表层化，限制了这一金融过程提供用于投资的、储蓄的能力。存在贷款低利率甚至负利率时，只能依靠信贷配额来消除对中介机构贷款的过高要求。中介机构的贷款利率水平往往偏低，某些利率还为特殊类别的借款人带来净补贴收益。

2. 高准备金要求

在一些发展中国家，商业银行将存款的很大一部分作为不生息的准备金放在中央银行，贷款组合中另有很大一部分由中央当局直接指定。同样，储蓄银行将存款的一部分作为不生息的准备金，还有一部分投放于低收益的住房债券。发展中国家为了保持本币的稳定，往往将本币价值盯住一种坚挺的硬通货。然而，发展中国家的经济情况却无法同拥有硬通货的发达国家相比，在实际执行过程中，出现了对本币价值的高估。由于这种高估，汇率无法真实反映本币价值，国内商品的出口受到很大限制。于是，政府便采取出口补贴和出口退税等措施，鼓励国内企业扩大出口，而且这种出口往往也只是限定在政府规定的具有出口自主权的企业之中，更多的没有出口自主权的企业，则得不到这种补贴，只能将出口商品交给有出口自主权的企业，企业无法在同一水平上竞争。

3. 政府通过干预限制外源融资

在金融抑制下，政府对外源融资进行控制，由政府决定了外源融资的对象。麦金农说，银行信贷仍然是某些地区的一个金融附属物。甚至政府往来账户上的普通赤字，也常常预先占用了存款银行的有限放款资源。而经济中其他部门的融资，则必须由放款人、当铺老板和合作社的资金来满足。

4. 特别的信贷机构

发展中国家还通过一些特别的信贷机构进行金融抑制。中央银行掌握了这一非常重要的资源，将廉价的信贷资源导引至不同的特别银行机构，这些银行机构依次以非均衡的低利率将资金用于促进出口、对小农户的信贷和政府想补贴的工业项目等。于是，这些银行机构就承担了部分政府的功能，中央银行的信贷也可以直接流向财政部，以弥补政府的预算赤字。

因此，金融抑制就是指政府通过对金融活动和金融体系的过多干预抑制了金融体系的发展，而金融体系的发展滞后又阻碍了经济的发展，从而造成了金融抑制和经济落后的恶性循环。这些手段包括政府所采取的使金融价格发生扭曲的利率、汇率等在内的金融政策和金融工具。在金融抑制下，因为存款的实际收益很低，所以储蓄率很低，由于银行不能根据风险程度决定利率，低的实际贷款利率吸引那些低收益和低风险项目；对生产性项目或高风险项目来说，要么得不到贷款，要么借助于信贷配给，而银行只能选择安全项目，从而使风险降低。对于生产企业来说，很难得到银行信贷，只好求助于非正式或场外市场，这样非正式的信贷市场就会产生。

我国在计划经济时期实行金融抑制政策，一方面有利于国家对经济发展的宏观调控，另一方面对计划经济时期的经济确实起到了推动作用。金融抑制就是我国银行制度的一个重要特征。我国在1952—1978年的计划经济年代，由于优先发展重工业的国家经济策略，导致银行资金大都流向了重工业企业。20世纪70年代以来，我国金融抑制现象依然存在。官方利率一直比非正式信贷市场的利率低50%—100%，银行对中小企业提供贷款时采用比官方高10%—50%的利率。为使国家便于对经济进行宏观调控，我国四大银行一直处于垄断地位，其贷款总额达到整个银行业贷款总额的90%。我国实行的金融抑制政策使得非国有部门深受其害。据统计，我国非国有部门对中国 GDP 的增长贡献在 70%左右，但其在过去十几年里获得的银行正式贷款却不到 20%，因此中小企业等非国有部门对国家的建设发展所做出的贡献同其享受的国家银行贷款待遇严重不相符，为了谋得自身发展，大部分中小企业不得不求助于民间借贷。

（二） 民间借贷本身的属性原因

民间借贷自古有之，且在现代呈现出欣欣向荣之发展趋势。这与民间借贷本身所具有的优点不无关系。

1. 民间借贷具有形式灵活，手续方便、快捷等特点①

正规金融放款有着一套非常严格的程序。若要向银行类金融机构借款，首先个人或企业要提出申请，填写《借款申请书》，并提供相关材料。银行机构在受理借款申请后，要对申请的信用等级、借款程序的合法性、本次交易的安全性和盈利性进行审查。信贷员在核实、评定调查情况后提出意见，而后按照相关规定权限报批。如果借款申请获批，金融机构还要同借款人和担保人签订借款合同和担保合同。更有甚者，银行在放贷之后还要对贷款人的还款情况做后续审查。② 而一些贷款者无法等待银行一系列的审批程序。民间借贷却具有形式方便、手续灵活等特点，正好符合一些中小企业和“三农”贷款者的需求。

2. 民间借贷具有较低的交易成本

民间借贷中，由于交易主体常常是有血缘或地缘关系的个人或企业，贷款人对借款人的经营状况、还款能力、信誉和道德品质等私人信息非常了解，长期沉淀下来的这些近乎免费的信息，使民间借贷具有较低的交易成本，是民间借贷得以存在的前提。③ 基于社会学的视角，民间借贷以血缘和地缘为基础，其对特定的文化具有契合性和嵌入性。亲情、道德观念、价值理念、伦理规范、风俗习惯和意识形态都对违规借款人的行为起到了强烈的硬性约束作用，并成就了民间借贷的繁荣发展。以家庭为核心的亲缘网络或熟人圈子，具有安全可靠、风险共担、互惠互利等综合功能，以亲缘、地缘为中心的人际关系网络成为民间经济活动最根本的信用基础。④

3. 民间借贷具有较强的道德约束力

在现有条件下，民间借贷在信息、担保、交易成本等各个方面具有正规金融不能比拟的优势，因此它也有能力供给部分金融产品以弥补正规金融供给不足造成的缺口。⑤ 现代金融规则、技术化的融资工具、信息化的信用方式，使得社会成员之间的市场交易半径扩展，交易主体得到空前的发展，这与乡土社会、传统风俗和人们的交易观念严重疏离。在农村特殊的经济文化背景下，民间借贷是一种降低交易费用、较少不确定性、化解交易风

---

① 黎嫵：《对民间借贷问题的几点思考》，《金融与经济》，2006（1）。

② 姚斌：《“放贷人条例”与浙江民间借贷的法律规制研究》，《商业文化》，2010（4）。

③ Hoff，K.，Stiglitz，J. E.，“Introduction：Imperfect Information and Rural Credit Market，Puzzles and Policy Perspectives”，*The Word Bank Economics Review*，（1994），pp. 250 - 253.

④ 胡必亮、刘强、李晖：《农村金融与村庄发展——基本理论、国际经验与实证分析》，第 189 页，北京：商务印书馆，2006。

⑤ Bell，C.，“Interaction between Institutional and Informal Credit Institutions in Rural India”，*TheWord Bank Economics Review*，（March 1990），pp. 297 - 327.

险的理性行为，这种带有浓厚中国文化印记的伦理传统和乡土社会中的信用关系在我国转型社会的某些地区将会长期存在。① 另外，民间借贷是对政策扭曲和金融抑制的理性回应，由于金融抑制下的政府信贷配给以及体制内金融机构的所有制偏见和制度歧视，导致了民营企业对民间借贷强烈的制度需求。②

（三） 社会需求原因

1. 中小企业融资

改革开放以后，我国实行有计划的社会主义商品经济，进而建立起社会主义市场经济体制。国家不再实行单一的公有制，而坚持以公有制为主体的多种所有制并存，并鼓励和保护非公有制经济的发展。社会主义市场经济体制的建立和发展，使得市场机制在社会资源的配置中发挥着基础性的作用，极大地推动了我国经济的发展和综合国力的提高。由于国家重视非公有制经济的发展，因此我国的中小企业发展迅猛，对国民经济的健康发展起到了促进作用。据统计，目前在工商局注册登记的中小企业总数超过 810 万家，占全国企业总数的 99%。工业总产值、销售收入、实现利税、出口总额分别占全国的 60%、57%、40%和 60%。在过去的 10 年中，70%以上的工业新增产值和 75%的城镇就业机会均由中小企业创造。③ 但是中小企业在发展过程中却常常遇到资金短缺问题，资金是企业的血液，资金短缺成为制约中小企业发展的瓶颈。由于我国国有银行存在对大企业“拉贷、求贷”，而对中小企业“慎贷、惜贷”的现象，中小企业一直存在“融资难、融资贵”的难题，因此不得不选择民间借贷。民间借贷大大拓展了中小企业的融资渠道。

2. “三农”融资

在我国的经济转轨时期，农业部门为国有经济体系提供了大量金融剩余，为其他经济成分提供了大量低成本的劳动力和资源，为我国经济转轨和经济发展做出了重大贡献。麦金农指出，在改革开放时期，占人口四分之三的农民出人意料地以净贷款人的身份为其他经济成分贡献了金融剩余。但是依靠农业部门贡献大量金融剩余的时代已经基本结束，近 30 年来经济改革的成果已经使得我们国家积聚起足够的国民财富，从而对发展相对滞后的农业部门进行了相当程度的“反哺”。目前新农村建设需要投入大量的资金，但是由于我国农村金融制度改革的滞后性，现行金融体系已不能满足农村融资的需求。据测算，2000 年至 2003 年，每年都有超过5 000亿元的农村资金需求得不到满足，2004 年至 2005 年有8 000亿元的农村资金需求得不到满足，尤其是现代社会的发展使得农村对资金的需求越来越强烈。与此形成鲜明对比的是，农村金融体系发展的滞后，使得“融资难”成为限制农村经济发展的桎梏。我国农村地区小农经济信贷需求的类型、频度、额度和用途、期限等与正规金融设计的假定前提不相符，正规金融中介的利润最大化诉求与小农经济融资需求和特点存在天然矛盾。因此，农民为了自身发展需求不得不寻求于另外一种金融，即民间借贷。

---

① 陈蓉：《“三农”可持续发展的融资拓展：民间金融的法制化与监管框架的构建》，第 29 页，北京：法律出版社，2010。

② Anders Isaksson, “The Importanceof Informal Finance in Kenyan Manufacturing”, *The United Nations Industrial Development Organization* (*UMIDO*) (2002), p. 134.

③ 余鹏翼、李善民：《金融抑制与中小企业融资行为分析》，《经济学动态》，2004 (9)。

五、民间借贷的作用

民间借贷现象普遍存在于传统社会，是历史上极具争议性的话题。在人们明知其利弊，而又不能否定其价值的矛盾状态下存在。近几年，由于温州民间借贷事件爆发，导致大家一谈民间借贷，便与高利贷相联系，难道民间借贷只有消极作用而无积极作用吗？对于这样一个备受争议的话题，大家争论不断。民间借贷的演进与扩展对民营经济产生了双重影响，一方面，内生性的信用关系和低成本支持了民营经济的规模扩张和制度创新，但另一方面，民间金融固有的不规范行为和机会主义倾向则极易引发区域性金融风险。笔者认为，任何事物都具有两面性，民间借贷之所以能够从古代一直延续到当今社会且仍繁荣发展，在其具有消极作用的同时，必有其积极作用。

（一） 积极作用

（1）民间借贷能够弥补正规金融的不足，促进我国金融制度的发展和金融市场功能的完善，有利于完善社会融资结构，优化资源配置，促进民营经济发展。民间借贷灵活简易的规章制度，并不强制要求使用抵押或担保，手续简单，放款速度快，额度大小皆可，且在借贷期限上能较好地满足借款者的实际需求。同时民间借贷是互助性质的自由借贷，以关系型信用为基础，因此民间借贷具有一套特有的保护机制。即民间借贷双方当事人基于信任关系能够自觉地履行还款义务，其本身所拥有的一些特质使得民间借贷实际上有一套相互依赖和相互约束的监管制度，因此民间借贷自古有之，并在当今社会呈现出欣欣向荣之发展趋势。

（2）民间借贷有利于中小企业融资，有效地促进了中小企业的健康、快速发展。改革开放以来，民营经济迅速发展，目前是支撑我国经济增长的最主要力量。而传统金融体系对民营经济的融资歧视不仅导致面临刚性的融资约束，而且导致金融资源配置出现严重扭曲以及金融体系的无效率。而改变这种状况的根本出路是允许民间金融机构的存在，使得民间金融逐步规范化和合法化，这不仅能解决民营经济的资金困境，也能提升和改善我国金融体系的市场竞争机制和产权结构。①

（3）民间借贷有利于“三农”对发展资金的需求，为新农村建设提供资金支持。民间借贷在农村信用领域的出现，不仅弥补了正规金融机构的缺位，还缓解了农村金融供给总量的不足，同时民间借贷也表现出对农村金融市场具有明显的适应性和地域及信息优势，民间借贷对于农户的信誉、资产经营状况和预期收入等有较好的了解，因此民间借贷组织同农户之间的信息不对称程度降低，信贷履约率提高。民间借贷对于“三农”的发展至关重要，已经演变成农村金融组织中不可忽视的一股力量。②

（二） 消极作用

民间借贷的负面效应和风险主要体现在：

（1）民间借贷盲目追逐投资热点的行为减少了货币政策的可控性，削弱了宏观调控效

① 王曙光：《经济转型中的金融制度演进》，第134页，北京：北京大学出版社，2007。

② 黄薇：《武汉市先建村农户民间借贷研究》，华中农业大学2008年硕士学位论文。

果。有的学者认为，货币借贷属于金融业务，应由国家指定的机构专营，企业间借贷违反了国家有关金融货币的专营规定。[①] 民间借贷影响了国家金融宏观调控的效果，且影响了国家的税收收入。民间借贷属于资金的体外循环，不利于银行统一调配资金，如认可企业间借贷合同的效力，恐导致金融风险，削弱国家宏观调控的效果。

（2）民间借贷活动缺乏明确的监管主体，容易滋生高利贷、非法集资、欺诈和洗钱等各种违法犯罪活动，从而扰乱金融秩序，影响社会稳定。目前各地爆发的民间借贷事件均为民间借贷的高利率所致，高利贷行为导致中小企业融资成本高，资金链断裂，因此引发暴力索债现象，危害了当地的社会稳定。2014 年海南一地下钱庄在两年时间里，利用一家投资公司做掩护，以 20 家“空壳”潜公司为载体，将 727 亿多元转至4 473个境内外账户，金额涉及 29 个省市。该事件暴露了我国对地下钱庄的监管不力且其资金来源和流向不明等问题，发人深省。

（3）民间借贷的高利率造成融资成本居高不下，导致中小企业融资成本高、资金链断裂，影响了我国经济的发展。民间借贷同正规金融机构相比，具有一定的融资便利性，但因缺乏监管导致其利率畸高，且付息方式具有隐蔽性，因此民间借贷易演变为高利贷行为。对于“融资难、融资贵”的中小企业，畸高的利率导致其融资成本高、资金链断裂，因此造成众多中小企业破产，危害了我国实体经济的发展。

第三节 我国民间商事借贷的法律界定

一、民间借贷的类型划分及法理依据

（一）类型划分：民间民事借贷与民间商事借贷

对民间借贷的正确规制应当建立在对其性质的正确认识的基础之上，但目前我们对民间借贷的性质存在不同认识，这主要表现在对于民间借贷不能一概而论地认定其具有相同的性质，应当根据其不同的发展状态认清其本质。对于民间借贷的民商二重属性我们缺乏足够的重视，法律法规对此未进行明确的区分并以不同的法律体系加以分类规制。由于我国采取的是民商合一的立法体例，因此在立法和司法实践中并没有把不以营利为目的、有偿或无偿转让资金的民间民事借贷行为与以收取利息为目的、具有资金融通的商事性质的民间借贷行为区分开来。[②] 按照民间借贷是否以营利为目的，可以分为民事民间借贷和商事民间借贷。不以营利为目的的有偿或无偿转让资金的行为应该认定为民事行为，但以收取利息为目的的货币流通则具有资金流通的功能，也就有了商事行为的性质。如某一自然人、法人或者非法人组织将发放贷款作为一种经营活动时，则具有营利性和反复性，应属

---

① 黄维娜、胡辉：《略论企业间借贷行为的认定及立法趋势》，《湖北经济学院学报》（人文社会科学版），2007（5）。

② 殷炳华：《商法视角下民间借贷问题的成因与法律规制》，《山东警察学院学报》，2012（5）。

商事行为。[①] 经济学中对“商”的定义为“以营利为目的，为卖而买或为买而卖的交易行为”[②]。

综上所述，民间借贷已然出现了两种不同属性的借贷，即民事性质的民间借贷与商事性质的民间借贷。根据法律概念先空间后性质的构成方法，现代社会中具有商事属性的民间借贷我们可以称之为民间商事借贷，传统的不以营利为目的的民间借贷称之为民间民事借贷。

（二） 类型划分之法理依据

民间商事借贷区别于民间民事借贷的法理依据在于商法之独特性。商法的独立性，指的是商法本身作为一种规范体系与其他法律的有效区分，以及在可区分性基础上的独特性和不可代替性。[③]

1. 商法本体的独立性

法的本体就是指法的现象存在的根据，是法现象的产生、发展、变化的决定性力量和根本出发点。具体而言，法的本体就是法律规范、法律意识、法律行为、法的实施等存在的基本特质，它表现为法律关系的综合。它具有以下特征：第一，法的本体是一定的社会物质生活条件决定的法律关系，它是法律规范在调整人们行为过程中产生的、借助权利和义务表现的一种思想意志关系。法的本体是对现实社会生活的法律反应，其反应的结果表现为法律关系。法的本体作为思想上层建筑，它最终决定于社会物质生活条件，我们不能离开现实社会中的法现象来谈法的本体，但也不能简单地认为社会物质生活条件就是法的本体。第二，法的本体不是单纯的法的现象的存在，而是有关法的现象背后全部特质的同时存在，即大千世界的存在本身。本体就是存在本身，它能最直接地向世人显示其特性与意志，因而是不证自明的。法的现象内在地同时产生了自身存在和发展的相对独立性，学者的解释和司法部门的说明只是对法的现象或者法的本体的某种描述，而非法的本体自身。第三，法的本体是本然性的存在，是人们反思的对象。本体的存在是世界的存在本身，而不是事物的性质或属性。本体的存在是本源性的、根本性的存在，它不是由人们直接认识到的存在，而是通过反思才能把握的存在。第四，法的本体具有必然性。它是指法的现象的产生是一定社会物质生产关系活动的必然要求，其产生与发展不以人的意志为转移，是社会生产、交换和分配的形式条件。商法本体主要体现在以下几个方面：独立的商法社会经济基础、独立的商法精神、独立的商法价值取向、独立的商法存在基础以及独立的商法作用。[④]

（1）商法社会经济基础的独立性。

商法起源于中世纪，欧洲中世纪的社会生活及经济发展的状况下，独立的商法起源才具有了必要性和可能性。中世纪大量兴起的城市，频繁的商事贸易使当时商品经济发展水平达到了以往的时代无法企及的程度，这是商法产生的社会经济条件。中世纪的城

---

① 岳彩申：《民间借贷规制的重点及立法建议》，《中国法学》，2011（5）。

② 石少侠：《商法思考的印迹》，第2页，北京：中国检察出版社，2008。

③ 赵万一：《商法独立与独立的商法——商法精神与商法制度管窥》，第25页，北京：法律出版社，2013。转引自蒋励君：《论我国商法的独立性——实质商法的相对独立》，《学习与实践》，2008（4）。

④ 赵万一：《商法独立与独立的商法——商法精神与商法制度管窥》，第63页，北京：法律出版社，2013。

市是自由的、自治的，由专门从事商品交易、独立自主保护自己利益的商人阶层构成，有自己的行政司法机构。在城市频繁的市场交易活动中，商人们依据交易的需要不断地建立交易规则，交易规则逐渐演变为商事习惯，于是商法产生。随着商人阶层力量和队伍的扩大，并且成为社会政治、经济生活中的重要社会力量，为了保护自身利益，商人们需要一种符合自身习惯的法律，于是商事习惯法产生。之后随着商事法院的出现，商事习惯也演变为商事法律，独立的商法产生。现代社会有人认为，中世纪的商人阶层不复存在，因此商法无独立存在的必要，但王保树教授认为，现代社会依然存在商人这一阶层，尤其随着我国社会主义市场经济的发展，商法的发展与完善更能促进市场经济的发展，二者存在着相互促进、相互影响的作用。现代市场经济的发展更需要商事法律制度的完善。

（2）商法价值理念的独立性。

商法与民法共同起源于商品经济，民法起源于罗马简单的商品经济发展的法律需求，而商法起源于中世纪商品经济更高的法律需求，因此，商法与民法都遵守商品经济应含的公平、平等和诚实信用等价值理念。但是二者之间的联系性不能抹杀其区别性，在价值理念上商法更注重保障营利的理念，而民法以公平、平等作为其基本的价值理念。民法与商法虽同源于商品经济，但是针对商品经济的发展阶段却不同，民法规制的是商品经济关系，强调社会产品的实现方式，必须进行等价交换才能实现各自的生存和发展的需要；而商法调整市场经济关系，市场经济具有不同于商品经济的特征。商品经济不承认任何特权，是天生的平等派，其要求所有经济关系的参加者都具有平等的法律地位。平等、公正和公平是商品经济的前提和保障，因此与民法的基本价值理念相吻合；与之不同的是，市场经济要以市场这个要素作为实现社会资源配置的手段和场所，以满足不同人的需求。市场是由人、资本和营利行为等要素构成的，因此决定了市场追求营利的本质，对于资本而言，其具有明显的逐利性倾向。对于资本所有者而言，他们或者就是为了赚钱，除了快快发财，他们不知道还有别的幸福，除了金钱的损害，他们不知道还有别的痛苦。[①] 因此保障营利就成为商法的独立理念。

（3）商法作用的独立性。

商法从鼓励交易和刺激从商的原则出发，尽可能地保护商人的所有权益，以免商人以违法为由主张交易行为效力为无，因此商法的作用在于其注重保护商人一方的利益，对于我国社会主义市场经济的发展有促进作用。民法注重保护弱者当事人利益，而商法则是为了保护营业者的利益，二者的侧重点不同。相同的民间借贷案件依据民法思维和商法思维处理，其结果不同。

2. 商法的规范结构和内容的独立性

商法的规范结构和内容的独立性体现在商法的基本原则的独立性、商法调整对象的独立性和商法制度构建的独立性三方面。

（1）商法基本原则的独立性。

商法的基本原则是商法特性的一个重要内容，商法的基本原则是商法所特有的，体现出商法区别于民法的特性。“商法的基本原则是作为法律上的一种公理性原则，不是

① 《马克思恩格斯全集》，中文1版，第2卷，第564页，北京：人民出版社，1956。

人们主观臆想出来的，而是依商事关系的客观要求产生并广泛承认和普遍遵守而且被视为法律的公理。”① 商法的基本原则贯穿于商法的始终，其以现有的司法理论与制度体系为基础，体现商法的特殊性。营利性是商法的基本价值理念，在该理念的统领之下，商法的基本原则有保障营利原则、维护交易效率原则和维护交易安全原则。保障营利原则是商法营利性理念的直接价值体现，它能适应商事交易发展的需要而细化为商法其他的基本原则，因此其是商法基本原则的原则。② 维护交易效率原则是商法保障营利性的具体体现。在商业社会，一切以营利为目的，追求效率最高、所获利润最大化，因此保障交易效率意味着获得更多的商业交易机会和保障最大限度的营利，保障交易效率也成为商法的基本原则。

保障交易效率原则主要体现为以下几点：第一，尊重当事人意思自治。尊重当事人意思自治，才能最大限度地发挥商事主体的主观能动性，实现商事交易的效率。第二，商事交易定型化。交易方式的定型化主要是指通过上市强行法预先规定典型的上市交易方式，任何人无论何时、何地进行的商事行为，均获得相同的法律效果。第三，短期时效。商法的短期时效是指商法将基于交易行为所产生的各类请求权的请求期限予以缩短，从而快速确定其行为效力。维护交易安全原则是指在保障商事交易方式效率化的同时要保障商事交易的安全。每一个人都是经济人，大家都在追逐私利的同时容易引发矛盾，因此商事交易安全至关重要。

（2）商法调整对象的独立性。

划分法律部门的一个重要标准就是其是否具有独立的调整对象，有独立的调整对象即为独立的法律部门。商法作为一个独立的法律部门有其独立的调整对象。商法的调整对象指商法作为特殊的法律规范对现实生活发生作用的社会关系的范围，即以商事主体实施商行为而进行和发生的社会关系的调整对象。商法作为一个特殊的法律门类，独立于民法的基础理论之外，是建立在其特有的调整对象的基础之上的，具有特定的调整对象，商法才有在民法基础理论之外再建起基础理论的必要和可能。③ 商事关系与民事关系具有本质上的区别。第一，商事关系涉及的主要是财产关系，而民法的调整对象是人身关系和财产关系，体现了民法的人文关怀。第二，商事关系是有偿的、营利的，而民事关系并不都是有偿或者营利的，例如赠与合同，虽涉及财产关系，但是无偿且不以营利为目的的。第三，商事关系是公私相结合的关系，在商法规范中大量涉及公法关系，其中包含很多技术性规范，这点是民事关系所不具备的。由于政府的介入，商事领域突破了民事领域中调整财产关系的某些原则，如权利义务一致原则、平等协商原则等。例如，公司法中的股东权益、破产法中的债务清偿、保险法中的保险费等问题。④

（3）商法制度构建的独立性。

商法的调整对象为商事法律关系，因此其法律制度构建与民法不同。结合商法的立法与司法实践，商事法律制度在设计上可以分为商事基本法律制度与商事特别法律制度。商事基本法律制度为商事主体的商事营业活动规定了一般的、基础的行为模式，商法的基本

① 张秀全：《商法基本原则研究》，《现代法学》，1999（5）。

② 王璟：《商法特性论》，第136页，北京：知识产权出版社，2007。

③ 王璟：《商法特性论》，第93页，北京：知识产权出版社，2007。

④ 范健：《商法》，第10页，北京：高等教育出版社，2000年。

原则与基本价值取向贯穿始终，以法律制度的形式概括了商法的调整范围与调整手段，从而为商事交易活动的商事主体提供了基本的法律依据。商法的基本法律制度是以商事主体为主，辅之以商行为的一般法律制度，包括商事主体的一般制度、商事行为的一般制度和商事仲裁制度等，即由商号、商业账簿、破产、绝对商行为、商事代理和商事仲裁等制度构成的法律制度体系。

商事特别法律制度是以商事基础法律制度为基础，为适应商事交往活动的不断发展与变化而逐渐形成的，它是解决商事交易活动中特殊问题的各专门法律制度。商事特别法律制度是用来对特定商事交往活动进行调整的，因此具备一般的民事法律制度所不具有或者不完全具有的功能。商事特别法律制度是由各个商事单行法组成的制度体系，包括商事主体特别法与商事行为特别法等各个单行商事法律制度，主要有公司法、合伙企业法、个人独资企业法和票据法、证券法、保险法等法律制度。商事特别法律制度会随着商事交易活动的发展而不断丰富和完善。

3. 商事审判制度的独立性

审判活动是具有法律关系的双方当事人之间产生争议，由国家司法机关代表国家对该事实做出判断和处理的职权行为。审判行为的展开是对案件的事实回溯和逻辑推演，也是对法律条文的理解和复制，即审判行为是将固定的法律条文变为活脱脱的法律事实的一个逻辑推演过程。边沁曾言："程序法唯一正当的目的是最大限度地实现实体法。"[①] 因此这就要求审判机关人员具有扎实的法学功底，对法律条文的准确理解，在科学的审判理念下做出符合法学要义和社会公平的判决。

（1）商法审判理念的独立性。

商事行为主体具有强烈的经济人特质，因此在商事审判中应关注营利性要求，强调行为的竞争性、风险性和主体理性。[②] 在市场经济条件下，效率的重要性不言而喻，在商事审判中更应注重效益优先的审判理念。公平是诉讼法应该追求的价值之一，但是在商事审判中对公平的追求不能妨碍商事主体效益的实现。商事审判更注重对经营主体的资格审查、重视法律行政法规的正确适用、重视保障商事主体的经营自由和商事交易的便捷性，因此，商法强调效益优先，兼顾公平。除此之外，还应保障交易的安全性，不安全的交易将会导致市场无序化。由于商事主体皆为理性的经济人，每个人在追逐自己私利的同时往往会危害他人利益，因此，容易诱发道德风险。商事审判应鼓励和保护商事主体通过正当的渠道和手段去追求经济利益。

（2）商法法律适用的独立性。

在商事审判中，相较于民事审判的"以事实为依据"的审判准则而言，其更注重对外主义和信赖利益的保护。另外，商事审判强调行为之间的独立性，相互关联的行为之间如一行为被认定为无效，则其他行为的法律效力不受影响；民事审判与商事审判不同，其更关注行为的逻辑关系和因果关系，注重各个法律行为之间的效力影响。

（3）商法责任体系和救济手段的独立性。

商法的救济制度与民法的救济制度不同，具有全面性的特征。民事救济的主要目的在于恢复当事人发生争议前的利益状态，而商事救济除此之外，还注重维护商事秩序。

---

① J. Bentham, *The Principle of Judicial Procedure*, in 2 works of J. Bentham, 6 (J., Bowring ed. 1838－1843).

② 余冬爱：《民、商区分原则下的商事审判理念探析》，《人民司法》，2011 (3)。

因此，与民事救济制度比较而言，商事救济更具有全面性。民事救济的方式多种多样，赔偿损失、赔礼道歉、消除影响和恢复名誉等多种救济方式共同运用，但在商事救济中，救济方式具有单一性。由于商事关系的营利性特征，其财产属性更加明显，因此在救济方式中商事主体利益的恢复往往是单纯体现财产关系，商事责任则单纯体现为财产责任。

综上所述，商法本身具有的独特性和独立的调整对象，使其成为一个独立的法律部门，由于民法与商法二者审判理念的不同，导致相同的民间借贷案件会出现不同的判决，因此，对民间借贷进行民间民事借贷和民间商事借贷的划分十分必要。

二、民间商事借贷的概念

按照民间借贷是否以营利为目的，可以分为民间民事借贷和民间商事借贷，但是对于民间商事借贷的概念、内涵和外延，目前我国还未对其形成明确的定义。若要对这一制度进行立法研究，就需要对其概念有明确的认识。通过对民间民事借贷与民间商事借贷的区别的研究，可以更好地界定民间商事借贷的概念。民间商事借贷与民间民事借贷的根本区别，应从民间商事借贷法律关系对法律的特殊需求上去寻找。民间民事借贷与民间商事借贷主要存在以下区别：

（一） 民间民事借贷与民间商事借贷所追求的价值不同

民间民事借贷与民间商事借贷追求的价值不同，民间民事借贷注重对货币使用价值的追求。其最鲜明的表现是对他物的使用价值的追求方式为以物易物的交换方式，即使在货币交换产生之后，交换人拿到货币之后是为了更方便地买到其所需要的物品，发挥其使用价值。而民间商事借贷追求的价值是营利，其追求的是物品交换价值的增值。商人不看重物品的有用性，而是更看重物品的可交换性。

（二） 民间民事借贷与民间商事借贷遵循的价值规律不同

等价交换是商品经济的一般规律。“等价交换并非等值交换。进入市场的交换者、投资者，必须承担价值与价格背离的风险。”① 民间民事借贷的动机主要是追求物品的使用价值，而不是商品营利性，因此，民事交易行为按照等价交换的价值规律进行。而民间商事借贷，其所追求的价值规律是营利，民间商事借贷为了追求营利，必须是价格不等的交易，等价交换则无从谈利。

（三） 民间民事借贷与民间商事借贷发生的频率不同

民间民事借贷因需而定，有需求才会向亲戚朋友寻求借贷，具有偶发性、一次性的特征。而民间商事借贷则为商人的营业项目，连续、反复地进行放贷行为，具有明显的规律性。民间商事借贷与民间民事借贷的区别在于其性质，即经营性。民间商事借贷的经营性要求放贷人的放贷行为具有反复性、不间断性和计划性等特点。

---

① 杨志华：《证券法律制度研究》，第 31 页，北京：中国政法大学出版社，1995。

（四） 民间民事借贷与民间商事借贷对社会造成的影响不同

民间民事借贷一般发生在借款人与贷款人二者之间，即使发生矛盾与纠纷，不会对社会公共利益造成危害。而民间商事借贷的贷款数额高、发生频率高以及债权人人数众多等特征决定其一旦发生矛盾与纠纷，将会危害众多债权人的利益，严重者将会对我国的社会稳定造成危害，形成金融危机。因此，民间商事借贷的社会影响大于民间民事借贷。

由此可见，所谓民间商事借贷是指非金融机构的主体所为的以放贷为业，且以营利为目的的经营行为，即发生在商事主体之间、商事主体同自然人之间的借贷行为。

三、民间商事借贷的内涵与外延

（一） 民间商事借贷的内涵

1. 主体的特定性

民间商事借贷的主体要求一方或者双方为商人。而商人是指按照商法的规定取得营业资格的人，即参与商事法律关系、以商为业者。商人取得营业资格后就会产生特别义务，商人均需依法履行信息公开的义务，商人必须置备商业账簿；[①] 商人从商必须具备营业资格，不具有营业资格者，即不具有商人资格，而不具有商人资格的组织和个人不能成为商人。商人应是以一定的组织形式，从事营业活动，拥有独立财产，经注册登记，并以自己的名义实施商业交易为职业的组织或个人。[②] 2015 年 8 月 12 日国务院法制办公布的《非存款类放贷组织条例（征求意见稿）》第二条规定，非存款类放贷组织是在工商行政管理部门注册登记，并经省级人民政府监督管理部门批准取得放贷业务许可，经营放贷业务但不吸收公众存款的机构。因此在民间商事借贷中，若从事放贷这一商事行为，就必须进行注册登记，其是以商人的名义进行的法律行为。否则其进行的借贷即为民间民事借贷，与民间商事借贷采取不同的规制途径。

2. 关系的交易性

民间商事借贷双方当事人的行为要具有交易性。交易的标的为财产，交易方式为借贷，并以支付一定的利息为代价。而民间民事借贷以满足自身的消费为目的，并且发生频率低，一般为无偿借贷，即使有利息约定，也仅仅是作为金钱借贷的一种代价，不具有营利性的目的。

3. 行为的经营性

民间商事借贷的主体进行的放贷行为一定要具有经营性这一特征。经营性要求法律主体必须在一段时期内连续不断地从事某种营利活动，且性质相同，具有明显的职业性特征。具体表现为商人连续、反复地进行同一种商事行为，并且具有一定的规律性。民间商事借贷的经营性即指商人要连续、反复地进行放贷这一商事行为，并以此为业。

4. 目的的营利性

“商法从它诞生的那天起就打上了谋利、求赢、趋财的烙印，反映了‘天下熙熙皆为

① 王保树：《中国商法》，第 41 页，北京：人民法院出版社，2010。

② 任先行、周林彬：《比较商法导论》，第 217 页，北京：北京大学出版社，2000。

利来，天下攘攘皆为利往’的经济现象，讲求交易价值，谋求投资回报，实现利益最大化，以营利为其本质特征。”① 营利即指通过交易而谋取超出投资资本的利益及追求资本增值的目的性，商人实施商事行为的根本指向即为资本利益。民间商事借贷要以营利为目的，否则等同于民间民事借贷，商主体进行放贷行为是为追求金钱这一无形财产的资本价值，并非出于友谊或亲情而无偿借贷。

5. 不吸收公众存款

民间商事借贷的放贷人必须以自有资金或者以正规渠道融资进行放贷行为，不得吸收公众存款。所谓非法吸收公众存款指未经中国人民银行批准，向社会不特定对象吸收资金，或者不以吸收公众存款的名义，出具凭证，承诺在一定期限内还本付息，扰乱金融秩序的行为。民间借贷组织不具有金融机构资质，其放贷行为不能扰乱国家的金融秩序，国家法律法规限制其不得吸收公众存款以降低金融风险。我国《非存款类放贷组织条例（征求意见稿）》规定，非存款类放贷组织主要运用自有资金从事放贷业务，也可以通过发行证券、向股东或银行业金融机构借款、资产证券化等方式融入资金从事放贷业务，监督管理部门可以确定非存款类放贷机构融入资金余额与资本净额的比例上限。

（二） 民间商事借贷的外延

若要对一个概念的法律性质界定清楚，需弄清其内涵与外延，外延是指概念所涵盖对象的数量和范围。根据以上对民间商事借贷内涵的定义，民间商事借贷的外延主要包括以下几种形式：

1. 以放贷为业的自然人以及其他组织

自然人之间的借贷是民间借贷的普遍类型，受《中华人民共和国民法通则》和《中华人民共和国合同法》规制，但现实生活中出现了很多以放贷为业的自然人，其放贷目的为营利且连续、反复从事这一行为，已经具备了商事行为的特征，因此针对这一类以放贷为业的自然人的行为应视为商事行为，与民间民事借贷行为适用不同的调整路径。我国《非存款类放贷组织条例（征求意见稿）》第二条规定，非存款类放贷组织是在工商管理行政部门注册登记，并经省级人民政府监督管理部门批准取得经营放贷业务许可，经营放贷业务但不吸收公众存款的机构。因此以放贷为业的自然人或者其他组织进行的放贷行为皆为民间商事借贷。

2. 典当行

典当行是指依据《典当管理办法》设立的专门从事典当经营活动的组织机构，其组织形式为企业法人，不得对外吸收公众存款和经营贷款业务。典当是以特殊财务抵押或质押做限期有偿借贷的特殊融资行为，其本质属性是资金借贷行为。② 因此，典当行是名副其实的民间商事借贷的放贷人，属于民间商事借贷的一种类型。笔者建议法律应顺应社会经济的变化，允许典当行进行一定的放贷行为，同时对其业务范围进行一定的限制，加强相关部门的监督。

---

① 赵中孚主编：《商法总论》，第 26 页，北京：中国人民大学出版社，2003。

② 全国典当从业资格认证辅导教材编委会：《典当基础理论与基本业务技能》，第 124 页，2008。

3. 私人钱庄

私人钱庄是指未经政府机构及金融部门的批准或授权，对社会不特定对象吸收存款且发放贷款，不受国家监管的民间银行机构。由于其吸收公众存款，且在国家监管范围之外，容易发生高利贷行为，对社会的危害性极大。笔者认为，对于私人钱庄，如其规模、运营模式符合正规金融的规定，应有条件地将其发展为村镇银行或者民营银行；对于一些规模较小且吸收公众存款较少的，应限制其业务，禁止其吸收公众存款，符合民间商事借贷的条件的，受民间商事借贷法律规制。

4. 小额贷款公司

小额贷款公司指根据《关于小额贷款公司试点的指导意见》设立的由自然人、企业法人与其他社会组织投资设立，不吸收公众存款，经营小额贷款业务的有限责任公司或股份有限公司。小额贷款公司是符合法律规定的经营放贷业务的民间组织，其放贷目的为营利，理应属于民间商事借贷的一种类型。

5. 消费金融公司

所谓消费金融，是指向各阶层消费者提供消费贷款的现代金融服务方式。拟试点设立的专业消费金融公司不吸收公众存款，在设立初期其资金来源主要为资本金，在规模扩大后可以申请发债或向银行借款。此类专业公司具有单笔授信额度小、审批速度快、无需抵押担保、服务方式灵活、贷款期限短等独特优势。根据《消费金融公司试点管理办法》，消费金融公司是指不吸收公众存款，以小额、分散为原则，为中国境内居民个人提供以消费为目的的贷款的非银行金融机构，包括个人耐用消费品贷款及一般用途个人消费贷款等。《消费金融公司试点管理办法》经中国银行业监督管理委员会 2013 年第 18 次主席会议通过，于 2013 年 11 月 14 日公布，自 2014 年 1 月 1 日起实施。消费金融公司是经营放贷业务的非银行金融机构，根据民间商事借贷的内涵，其属于民间商事借贷的一种类型。

6. 网络 P2P 金融

P2P 金融又叫 P2P 信贷。其中，P2P 是 peer-to-peer 或 person-to-person 的简称，中文意思为个人对个人。P2P 金融指个人与个人间的小额借贷交易，一般需要借助电子商务专业网络平台帮助借贷双方确立借贷关系并完成相关交易手续。借款者可自行发布借款信息，包括金额、利息、还款方式和时间，实现自助式借款；借出者根据借款人发布的信息，自行决定借出金额，实现自助式借贷。现实生活中出现了一批用互联网开展放贷业务的组织，这类组织为民间商事借贷的互联模式，其本质与民间商事借贷并无不同，因此属于民间商事借贷的一种类型。

第二章

我国民间商事借贷的立法现状及存在的问题

第一节　我国民间商事借贷的立法现状

一、法律层面相关规定

（一） 民间借贷的民事法律规定

综观我国调整民间借贷的法律，主要有《中华人民共和国民法通则》（下简称《民法通则》）和《中华人民共和国合同法》（下简称《合同法》）。我国《民法通则》和《合同法》中确立了民事主体的平等原则、意思自治和契约自由原则。我国《合同法》第十二章对借款合同做出了专门规定。其第一百九十六条规定，借款合同是借款人向贷款人借款，到期返还借款并支付利息的合同。① 第二百一十条和二百一十一条对个人借贷合同做出了特别规定。② 同时该法总则中关于合同效力和合同责任的规定同样适用于民间借贷合同纠纷。

（二） 民间借贷相关的刑事责任规定

1. 高利转贷罪

我国《中华人民共和国刑法》（下简称《刑法》）第一百七十五条规定了高利转贷罪③，是指以转贷牟利为目的，套取金融机构信贷资金高利转贷他人，违法所得数额较大的行为。行为主体一般会以虚假的贷款理由或者贷款条件向金融机构申请贷款，但并不意味着本罪行为必须具有欺骗性质，在行为人与金融机构负责人同谋，金融机构负责人知道真相仍然贷款给转贷牟利的行为的情况下，行为人的行为依然成立本罪。行为人

---

① 《中华人民共和国合同法》第一百九十六条规定，借款合同是借款人向贷款人借款，到期返还借款并支付利息的合同。

② 《中华人民共和国合同法》第二百一十条规定，自然人之间的借款合同，自贷款人提供借款时生效。第二百一十一条规定，自然人之间的借款合同对支付利息没有约定或者约定不明确的，视为不支付利息。自然人之间的借款合同约定支付利息的，借款的利率不得违反国家有关限制借款利率的规定。

③ 《中华人民共和国刑法》第一百七十五条规定，以转贷牟利为目的，套取金融机构信贷资金高利转贷他人，违法所得数额较大的，处三年以下有期徒刑或者拘役，并处违法所得一倍以上五倍以下罚金；数额巨大的，处三年以上七年以下有期徒刑，并处违法所得一倍以上五倍以下罚金。单位犯前款罪的，对单位判处罚金，并对其直接负责的主管人员和其他直接责任人员，处三年以下有期徒刑或者拘役。第一百七十五条之一规定，以欺骗手段取得银行或者其他金融机构贷款、票据承兑、信用证、保函等，给银行或者其他金融机构造成重大损失或者有其他严重情节的，处三年以下有期徒刑或者拘役，并处或者单处罚金；给银行或者其他金融机构造成特别重大损失或者有其他特别严重情节的，处三年以上七年以下有期徒刑，并处罚金。单位犯前款罪的，对单位判处罚金，并对其直接负责的主管人员和其他直接责任人员，依照前款的规定处罚。

处于正当目的取得金融机构信贷资金，然后产生将信贷资金高利转贷他人的意图进而实施这种行为的，不应以犯罪论处。以略高的法定利率转贷他人的，一般也不认定为本罪。

2. 非法吸收公众存款罪

我国《刑法》第一百七十六条规定了非法吸收公众存款罪①，是指行为人违反国家法律法规的规定在社会上以存款的形式公开吸收公众资金的行为。一般包括两种情况：一是行为人不具有吸收存款的主体资格而吸收公众存款破坏金融秩序的行为；二是行为人具有吸收存款的主体资格，但是其吸收公众存款所采用的方法是违法的。成立本罪需要具备两个特征：第一个特征是承诺回报。本罪行为是非法吸收或者变相吸收公众存款，而存款是可以取得回报的，所以要求行为人承诺在一定期限内以货币、实物、股权等方式还本付息或者给付回报。所承诺的回报不必具有确定性，只要承诺的回报具有可能性即可。第二个特征是不确定对象。非法吸收公众存款的对象为"社会公众即社会不特定对象"。不特定对象主要指出资者与吸收存款者之间没有联系的人或者单位。向亲朋好友吸收存款的，不成立本罪，但出资的社会公众中偶尔包括少数亲朋好友的，不影响本罪的成立。在单位内部集资的，如果出资者与吸收者是没有联系的人，也不影响本罪的成立。另外还要求出资者可能随时增加。这是非法吸收公众存款的行为方式决定的。本罪的成立并不以行为人实际上已经吸收了多人的存款为条件，只要行为人主观上具有向多数人吸收存款的故意，客观上所采取的手段可能从多数人处吸收存款，即便事实上只从少数人或者个别人处吸收了数额较大的资金，也成立本罪的即遂。②

3. 集资诈骗罪

我国《刑法》第一百九十二条规定了集资诈骗罪③，即指以非法占有为目的，使用诈骗方法非法集资，数额较大的行为。"非法集资"是指公司、企业、个人或者其他组织未经批准，违反法律法规，通过不正当渠道，向社会公众或者集体募集资金的行为。非法集资主要包括两种行为方式：第一，未经国家有关部门批准向社会公开募集资金。第二，虽经有关部门批准但已经被撤销，继续向社会公开募集资金。认定集资诈骗罪的关键在于行为人是否具有非法占有的目的，即在集资之前具有非法占有为目的或者集资过程中以非法占有为目的，均构成集资诈骗罪。在处理具体案件时应注意以下两点：第一，不能仅凭较大数额的非法集资款不能返还的结果，就推定行为人具有非法占有的目的。第二，行为人将大部分资金用于投资或者生产经营活动，而将少量资金用于个人消费或者挥霍的，不应仅以此便认定具有非法占有的目的。

---

① 《中华人民共和国刑法》第一百七十六条规定，非法吸收公众存款或者变相吸收公众存款，扰乱金融秩序的，处三年以下有期徒刑或者拘役，并处或者单处二万元以上二十万元以下罚金；数额巨大或者有其他严重情节的，处三年以上十年以下有期徒刑，并处五万元以上五十万元以下罚金。单位犯前款罪的，对单位判处罚金，并对其直接负责的主管人员和其他直接责任人员，依照前款的规定处罚。

② 张明楷：《刑法学》，第 686 页，北京：法律出版社，2011。

③ 《中华人民共和国刑法》一百九十二条规定，以非法占有为目的，使用诈骗方法非法集资，数额较大的，处五年以下有期徒刑或者拘役，并处二万元以上二十万元以下罚金；数额巨大或者有其他严重情节的，处五年以上十年以下有期徒刑，并处五万元以上五十万元以下罚金；数额特别巨大或者有其他特别严重情节的，处十年以上有期徒刑或者无期徒刑，并处五万元以上五十万元以下罚金或者没收财产。

二、行政法规和部门规章层面相关规定

（一）企业间借贷合同效力规定

1996年6月28日中国人民银行发布的《贷款通则》第六十一条规定，企业之间不得违反国家规定办理借贷或者变相借贷融资业务。1996年9月23日最高人民法院发布《关于对企业借贷合同借款方逾期不归还借款应如何处理问题的批复》（法复[1996]15号）中规定企业借贷合同违反有关金融法规，属于无效合同。1998年中国人民银行关于对企业间借贷问题的答复中规定禁止非金融机构经营金融业务。借贷属于金融业务，因此非金融机构的企业之间不得相互借贷。其认为企业间的借贷活动，不仅不能繁荣我国的市场经济，相反会扰乱正常的金融秩序，干扰国家的信贷政策、计划的贯彻执行，削弱国家对投资规模的监控，造成经济秩序的混乱。因此企业间订立的所谓借贷合同是违反国家法律和政策的，应认定无效。因此，在民间商事借贷合同效力的主体规定方面可以看出，企业之间的借贷合同并不受法律保护。以上是2015年9月1日之前适用的法律规定，目前《最高人民法院关于审理民间借贷案件适用法律若干问题的规定》已对此做出了新的规定，即法人之间、其他组织之间以及它们相互之间为生产、经营需要订立的民间借贷合同有效。因此，《贷款通则》的有关企业间借贷的法律被新的司法解释所更改，不再适用。

（二）民间借贷利息的规定

2001年4月4日《中国人民银行办公厅关于高利贷认定标准问题的函》（银办函[2001]182号）中的规定经国务院批示，原则上同意将超过银行同期同类贷款利率（不含浮动）4倍的高利贷行为认定标准适当下调，修改为借贷利率高于法律允许的金融机构同期、同档次贷款利率（不含浮动）3倍的为高利贷行为。由此可见，我国民间借贷关于利率的规定为超过银行同期贷款利率4倍的不予法律保护，超过3倍利率的即被界定为高利贷行为。

但在利率市场化背景下，出现了一些新的情况，2013年7月央行规定不再公布同期贷款基准利率，但是，一旦不公布同期贷款基准利率，大量的案子将无法按照法律规定进行裁判。因此，在2015年9月1日施行的《最高人民法院关于民间借贷的司法解释》中规定，超过年利率36%的利息绝对不受法律保护，之前法律所规定的4倍同期银行贷款基准利率将不再适用。

（三）非存款类放贷组织的规定

非存款类放贷组织，是指经营放贷业务但不吸收公众存款的机构。随着我国金融业不断发展，信贷市场的层次也不断丰富。目前，除传统的金融机构贷款业务外，各类非存款类贷款组织的放贷活动和民间借贷活动比较活跃，构成了我国信贷市场的重要部分，丰富了我国信贷市场的层次。为了促进信贷市场健康发展，规范非存款类放贷组织经营行为，公平保护借贷当事人的合法权益，有必要制定非存款类放贷组织条例。2015年8月12日国务院法制办公布了《非存款类放贷组织条例（征求意见稿）》，在此征求意见稿中规定中华人民共和国境内发生的、不吸收公众存款的放贷业务，适用本条例。并对非存款类放贷

组织的设立和终止、经营规则和监督管理等进行了规定。

（四） 融资性担保公司的规定

2010 年 3 月为了规范融资担保工资经营，促进融资担保行业的健康有序发展，经国务院批准，中国银监会等 7 个部门联合公布实施了《融资性担保公司管理暂行办法》（下简称《办法》），但最近五年来，我国“融资难、融资贵”的问题逐渐凸现，《办法》也难以适应当前和未来行业发展和监管的实际需要。因此有必要制定融资担保公司管理的行政法规。中国银监会会同融资性担保业务监管部际联席会议有关成员单位，在总结《办法》实施经验的基础上，经深入研究并广泛听取各方面意见，起草并向国务院报送了《融资担保公司管理条例（送审稿）》（下简称送审稿）。国务院法制办就送审稿书面征求了地方政府、企业等方面的意见，进行实地调研，会同中国银监会对送审稿进行研究修改，形成了《融资担保公司管理条例（征求意见稿）》。该条例在 2015 年 8 月 12 日由国务院法制办公开征求修改意见。在此征求意见稿中规定了融资性担保公司的设立、变更和终止，融资性担保公司的经营规则和监督管理等方面的内容。

三、司法解释层面的相关规定

（一） 企业间借贷合同效力规定

《最高人民法院关于如何确认公民与企业之间借贷行为效力问题的批复》中明确规定，公民与非金融企业（下简称企业）之间的借贷属于民间借贷，只要双方当事人意思表示真实即可认定有效。但是，具有下列情况之一的，应当认定无效：（1）企业以借贷名义向职工非法集资；（2）企业以借贷名义非法向社会集资；（3）企业以借贷名义向社会公众发放贷款；（4）其他违反法律、行政法规的行为。但是非金融企业之间的借贷合同由于违反了国家关于金融业特许经营的强制性法律法规，在我国诉讼中被认定为无效。法（经）发（1990）27 号《最高人民法院关于审理联营合同纠纷案件若干问题的解答》中规定，企业法人、事业法人作为联营一方向联营体投资，但不参加共同经营，也不承担联营的风险责任，不论盈亏均按期收回本息，或者按期收取固定利润的，是明为联营，实为借贷，违反了有关金融法规，应当确认合同无效。除本金可以返还外，对出资方已经取得或者约定取得的利息应予收缴，对另一方则应处以相当于银行利息的罚款。

以上法律随着社会需求的变化而变更，以前民间借贷主体几乎都是自然人，在计划经济时代，很少有企业间的借贷，但在改革开放之后，借贷的主体逐渐从自然人之间的借贷、自然人与企业之间的借贷发展到企业间借贷。因此 2015 年 9 月 1 日施行的《最高人民法院关于审理民间借贷案件适用法律若干问题的规定》就对企业之间的民间借贷做出了新的规定，即企业间借贷为生产经营订立的民间借贷合同有效。其第十一条规定，法人之间、其他组织之间以及它们相互之间为生产、经营需要订立的民间借贷合同，除存在合同法第五十二条、本规定第十四条规定的情形外，当事人主张民间借贷合同有效的，人民法院应予支持。第十二条规定，法人或者其他组织在本单位内部通过借款形式向职工筹集资金，用于本单位生产、经营，且不存在合同法第五十二条、本规定第十四条规定的情形，当事人主张民间借贷合同有效的，人民法院应予支持。

（二） 民间借贷利息的规定

最高人民法院《关于人民法院审理借贷案件的若干意见》（民发［1991］21号）第六条规定，民间借贷的利率可以适当高于银行的利率，各地人民法院可根据本地区的实际情况具体掌握，但最高不得超过银行同类贷款利率的4倍（包含利率本数）。超出此限度的，超出部分的利息不予保护。第八条规定，借贷双方对有无约定利率发生争议，又不能证明的，可参照银行同类贷款利率计息。

但2013年央行便不再公布贷款基准利率，因此《最高人民法院关于审理民间借贷案件适用法律若干问题的规定》第二十六条规定，借贷双方约定的利率未超过年利率24%，出借人请求借款人按照约定的利率支付利息的，人民法院应予支持。借贷双方约定的利率超过年利率36%，超过部分的利息约定无效。借款人请求出借人返还已支付的超过年利率36%部分的利息的，人民法院应予支持。最高人民法院于1991年8月13日发布的《关于人民法院审理借贷案件的若干意见》，自2015年9月1日起废止，最高人民法院以前公布的司法解释与本规定不一致的，不再适用。

第二节 我国民间商事借贷立法存在的问题

一、民间商事借贷统一法律的缺乏

我国调整民间借贷的法律法规众多，但综观其内容，却不容乐观。国家层面立法同地方层面立法存在一些矛盾之处，且众多地方法规对于民间借贷的态度也不相同。在将来的民间借贷的全国统一立法中，各个法律之间的协调将成为制约其立法进程的一大难题。由于我国缺乏民间商事借贷的统一、专门的法律，即使2015年8月12日国务院法制办公布的《非存款类放贷组织条例（征求意见稿）》，调整的也仅仅是不吸收公众存款且进行工商登记的各种组织和机构，并不包含自然人形式。这种分散于各种法律法规的立法模式导致政出多门、标准不一、立法协调性差，导致监管机关和司法机关由于法条适用难度加大而无法区分合法民间商事借贷与非法集资活动，从而打击了民间商事借贷主体的创新活力。

“十八大”报告中强调要全面、加快、推进我国法治国家的建设，而维护国家宪法、法律的尊严和权威，坚持法制的统一，是法治国家的前提和原则。在此基础上，由于改革、转型的时代背景和区域发展不平衡的现实国情，我们也应加强对地方法律的学习和研究，以提升地方法治的效力。国家层面的法律的效力高于地方层面的法规的效力，但也应注意到地方规则是改革和创新的源流，是宪法、法律和政策具体的实施主体，是各种矛盾纠纷的防控处置阵地，是地方稳定、和谐与秩序的前沿，是公平正义的直接载负和传递，是公民权利与权益交融、交汇、交锋的集散地。因此，在具体实践中，我们要协调好国家层面的立法与地方层面的立法之间利益的平衡，克服地方法被边缘化的取向，消除以地方红头文件替代地方法干扰国家法的非法治现象。[①]

二、民间商事借贷合法地位的缺失

我国采取严格的金融特许制度，所有从事金融业活动的经营主体或组织的设立都必须经过我国金融业特许机关——中国人民银行或者银监会的批准。否则，不论集资目的是为自我经营需要，还是以营利为目的的从事放贷行业，只要未经过相关机关批准，皆为非法活动，不具备合法性地位。例如以合会、私人钱庄、民间集资、典当行和投资公司等其他形式从事民间商事借贷的行为，从我国现行法律中皆找不到其具备合法性地位的法律规定。这种规定遏制了民间商事借贷的良性发展，不利于对民间商事借贷主体和组织的合法权利进行保护。长此以往，也将阻碍我国金融制度改革的步伐。通过上文对民间借贷法律法规的梳理可以看出，在 2015 年 9 月 1 日之前，我国立法中只承认自然人之间以及自然人同企业之间的借贷合同，企业之间的借贷合同无效。我国企业间借贷在全国各地法院“同案不同判”现象严重，主要体现在以下两点：

（一） 企业间借贷合同效力的认定不同

企业间借贷合同效力一般被司法机关认定为无效，理由为企业间借贷行为违反了我国的金融法规，根据《中华人民共和国合同法》第五十二条规定，违反法律、行政法规的强制性规定的合同应为无效［（1996）榕经初字第 208 号[②]］。但近年来，有些司法机关对于企业间借贷案件则有条件地认定合同有效，即企业自有资金临时性调剂行为，则合同有效［（2011）浙甬商终字第 392 号[③]和（2011）郑民四初字第 32 号[④]］；甚至有些法院判决企业间借贷合同无效，但债权债务关系有效，受法律保护［（2011）杭拱商初字第 775 号[⑤]］。相同的企业间借贷案件，却出现了完全不同的裁判结果。

（二） 企业间借贷合同的利息返还形式多种多样

无论企业间借贷合同效力有无，其利息的返还均呈现多样化形式。法院认定企业间借贷合同无效的利息返还形式主要有以下三种：第一种，企业间借贷合同无效，利息予以上缴［（1996）榕经初字第 208 号］；第二种，企业间借贷合同无效，利息不予支持［（2011）浦民二（商）初字第 1815 号］；第三种，企业间借贷合同无效，占用资金期间利息予以返还［（2011）殷民初字第 196 号[⑥]］。企业间借贷合同认定有效的利息返还形式有以下两种：第一种，企业间借贷合同有效，借款期间利息按中国人民银行的同类贷款利率返还［（2011）郑民四初字第 32 号］；第二种，企业间借贷合同有效，借款期间利息按当事人约定返还［（2011）浙甬商终字第 392 号[⑦]］。

---

① 曹诗权：《从法律体系走进法治体系》，《湖北警官学院学报》，2013（9）。
② 参见福建省福州市中级人民法院（1996）榕经初字第 208 号民事判决书。
③ 参见浙江省宁波市中级人民法院（2011）浙甬商终字第 392 号民事判决书。
④ 参见河南省郑州市中级人民法院（2011）郑民四初字第 32 号民事判决书。
⑤ 参见杭州市拱墅区人民法院（2011）杭拱商初字第 775 号民事判决书。
⑥ 参见河南省安阳市殷都区人民法院（2011）殷民初字第 196 号民事判决书。
⑦ 参见浙江省宁波市中级人民法院（2011）浙甬商终字第 392 号民事判决书。

由此可见，我国有关企业间借贷的司法现状不容乐观，长此以往，将会危害我国的司法权威性，影响我国法治国家的发展进程。同时也会损害投资人的信心，影响中小企业及社会主义市场经济的健康、有序发展。为了应对此经济情况的法律需求，《最高人民法院关于审理民间借贷案件法律适用若干问题的规定》对此予以有条件承认企业间借贷合同的效力，但是只限于为了生产经营需要。因此客观上我们需要对民间商事借贷进行系统重构，建立权威性更强、时代性更鲜明、规则更加明晰完善的新的法律。

三、民间商事借贷与非法集资的混淆

（一）从一则案例说起：吴英集资诈骗案

吴英生于1981年，为浙江本色控股集团有限公司法定代表人，在2007年2月被公安局以涉嫌犯非法吸收公众存款罪拘留，同年3月份被逮捕。

浙江省金华市人民检察院指控被告人吴英犯集资诈骗罪，检察院列出证据指控吴英以非法占有为目的，以个人或企业名义，采用高额利息为诱饵，以注册公司、投资、借款、资金周转等为名进行非法集资犯罪行为，根据《中华人民共和国刑法》规定构成集资诈骗罪。被告人吴英认为其主观上没有故意非法占有资金，并且其借款是以公司名义借贷且用于公司的生产经营，后来因经营不善导致无法偿还，并非个人挥霍。因此其辩护律师认为吴英的行为属于民间借贷，不构成非法集资。但一审法院认定其行为构成集资诈骗罪，因此判决吴英死刑，没收其个人全部财产，并责令其将非法所得返还受害人。吴英对此判决不服，提起上诉，二审法院认定吴英构成集资诈骗罪，原审判决适用法律正确，驳回其上诉。吴英的死刑向最高人民法院核准。

（二）案件评析

吴英案成为街谈巷议的万民关注的法治事件，也反映出民间借贷无论在现实生活中还是在法治进程中都有着巨大的影响力。在2012年的亚布力论坛上，我国著名经济学家张维迎评论吴英案意味着中国公民没有融资的自由，我们在中国获得融资仍然是一种特权，而不是一种基本的权利，意味着在中国建立在个人基础上的产权交易合同仍然得不到保护。[①] 从吴英案的判决中，我们可以看出，争议焦点为吴英的行为到底是普通的民间借贷还是集资诈骗。

根据《中华人民共和国刑法》及最高人民法院解释，集资诈骗是指以非法占有为目的，使用诈骗方法非法集资的行为，达到骗取集资款的目的。其“诈骗方法”是指行为人采取虚构集资用途，以虚假的证明文件和高回报率为诱饵，骗取集资款的手段。主要表现形式有：（1）携带集资款逃跑的；（2）挥霍集资款，致使集资款无法返还的；（3）使用集资款进行违法犯罪活动，致使集资款无法返还的；（4）具有其他欺诈行为，拒不返还集资款，或者致使集资款无法返还的。《中华人民共和国刑法》第一百九十二条规定，以非法占有为目的，使用诈骗方法非法集资，数额较大的，处5年以下有期徒刑或者拘役，并处2万元以上20万元以下罚金；数额巨大或者有其他严重情节的，处5年以上10年以下有

① 张维迎：《没有邓小平，谁来保护吴英》，见 http：//comments.caijing.com.cn/2012－02－06/111660845.html，2013-09-16。

期徒刑，并处5万元以上50万元以下罚金；数额特别巨大或者有其他特别严重情节的，处10年以上有期徒刑或者无期徒刑，并处5万元以上50万元以下罚金或者没收财产。第一百九十九条规定，犯本节第一百二十九条规定之罪，数额特别巨大并且给国家和人民利益造成特别重大损失的，处无期徒刑或者死刑，并处没收财产。

根据2011年1月4日起施行的《最高人民法院关于审理非法集资刑事案件具体应用法律若干问题的解释》对个人或单位集资诈骗数额的新规定，现阶段应按照以下标准对集资诈骗数额进行认定：个人进行集资诈骗，数额在10万元以上的，应当认定为"数额较大"；数额在30万元以上的，应当认定为"数额巨大"；数额在100万元以上的，应当认定为"数额特别巨大"。单位进行集资诈骗，数额在50万元以上的，应当认定为"数额较大"；数额在150万元以上的，应当认定为"数额巨大"；数额在500万元以上的，应当认定为"数额特别巨大"。

集资诈骗的数额以行为人实际骗取的数额计算，案发前已归还的数额应予扣除。行为人为实施集资诈骗活动而支付的广告费、中介费、手续费、回扣，或者用于行贿、赠与等费用，不予扣除。行为人为实施集资诈骗活动而支付的利息，除本金未归还可予折抵本金以外，应当计入诈骗数额。集资诈骗与民间借贷的一个本质区别即是否以非法占有为目的。我们在此尚且不讨论吴英是否具有非法占有的目的，但是类似吴英案的悲剧并非仅此一件，另有2009年浙江丽水的"小姑娘"杜益敏集资诈骗案终审宣判其死刑。

类似的悲剧仍在上演，据统计，在过去5年间，浙江省共有219人因犯集资诈骗罪而被判处刑罚，被判集资诈骗的人数从2007年的8人上升到2011年的75人，5年增长数为9倍，过去3年，浙江省至少有10人因犯集资诈骗罪而被判处死刑、死刑缓期执行。在暴利驱动下，非法集资案件成为屡禁不绝的事实。据统计数据表明，高达70%的中小企业融资都来自民间借贷，从银行获得贷款的不超过5%。而我国刑法设置的非法吸收公众存款罪，由于其行为模式仅模糊表达为"非法吸收公众存款罪，或者变相吸收公众存款，扰乱金融秩序的"，造成司法实践中认定本罪过于弹性，在一定程度上影响了金融市场的发展，也妨碍了正当的商业活动。根据2006年央行调查对民间融资的推算，我国民间融资规模已经达到9 500亿元，占到GDP的6.96%左右，接近银行贷款的6%。民间融资成为中小企业融资的重要渠道，中小企业主频频触雷，"非法集资"事件将会愈演愈烈，但是"地下钱庄"30年仍未见天日，民间金融活动大多数游走在"非法集资"的边缘，民间融资合法化难，越来越多民间借贷的个人或机构因"非法集资"被判刑。如果不尽早给"非法集资"从法律上进行明确规范，在实践中，对民间借贷还是非法集资类犯罪、非法吸收公众存款罪还是集资诈骗罪的认定，往往交织在一起，很难严格区分，司法部门的尴尬局面将会继续延续下去。

四、民间商事借贷监管机关及其职责的模糊

从上述民间商事借贷的法律法规看，由于其合法性地位的缺失，导致其监管机关及监管职责的模糊。民间商事借贷作为我国金融体系不可或缺的一部分，具有高度风险性，必须具有明确的监管机关和监管职责。民间民事借贷是以地缘性和亲缘性为基础的借贷，其信用和道德准则可以为其活动发挥监管作用。但是民间商事借贷以营利为目的，且规模和风险大于民事借贷，仅仅依据其信用和道德准则，不足以进行监管，因此必须建立明确的

监管机关和监管职责。我国目前的民间商事借贷监管仍是以民间信用为主，并未将其监管活动纳入到国家的金融监管体系，也未得到国家法律的认可。我国民间商事借贷的监管活动应该如何规范，具体的监管机关和监管职责以及民间商事借贷主体的市场退出等事项都迫切需要法律进行统一规范。由于我国缺乏统一的法律对其监管机关和监管职责进行规定，导致我国民间商事借贷乱象丛生，不利于其健康、有序地发展。

第三章

民间商事借贷的立法比较研究

第一节 民间商事借贷的立法评述

一、美国民间商事借贷立法

（一）美国非吸收存款类放贷人的基本情况

美国作为具有高度发达的金融市场的国家，虽然在其工业化的进程中没有遭遇发展中国家的资金“瓶颈”，但其仍有 2 500 万个家庭、7 500 万人的融资缺口是靠小额贷款公司、信用协会和合作金融等民间借贷组织完成的。[①] 美国的民间借贷组织主要有：合作金融组织、储蓄贷款协会和非吸收存款类放贷人（Non-Deposit-Taking Lenders，NDTL）。美国将非吸收存款类放贷人分为商业类和消费类两种。美国非吸收存款类放贷人的机构情况如下：（1）放贷人数量众多，且有些规模大于银行。美国历史上一直都存在此类放贷人，但第二次世界大战后，由于经济的快速发展，尤其是最近 20 年，这类放贷人更是随着经济的快速发展而发展，数量众多，且有些规模超过了银行的规模，并且其业务能力和信用也超过了银行，比如美国的通用财务公司。[②]（2）放贷人类型多种多样，且业务对象为小型业主和消费者。放贷人的放款对象大多为小型商业者、期望通过贷款改善条件的消费者等。（3）放贷人在金融市场中具有相对的竞争优势，有些放贷组织已被银行收购为零售网络的一部分。此类放贷人相较于正规金融有其自身优势：1）数额大、期限长、无罚息，因此借款人成本较低；2）因具有较丰富的小额商业贷款经验，因此放款速度快，适应小额商业贷款需求；3）无地理上的限制或约束；4）放贷人具有一定风险性。由于美国对此类放贷机构实行非审慎性监管，因此一些放贷机构本身的经营存在一定的管理问题，导致其经营亏损，出现破产、倒闭等情形，因此具有一定的风险性。

（二）法律主要内容

1. 非吸收存款类放贷人的准入制度

在美国，非吸收存款类放贷人的准入条件比较低，主要体现在以下几个方面：（1）消费类放贷人有牌照经营，商业类放贷人不需要牌照即可经营。美国将非吸收存款类放贷人分为商业类和消费类两种，根据贷款额度、利率水平和贷款用途的不同持有相应的牌照。（2）放贷人组织形式多种多样。美国对非吸收存款类放贷人的组织形式没有限制，可以是公司、合伙或者个人。在公司的命名上没有必须注明是“贷款公司”这类文字的要求。

① Ivan Light and Michelle Pham，“Beyond Creditworthy：Microcredit and Informal Credit in the United States”，*Journal of Developmental Entrepreneurship*，vol. 3，1998，p. 1.

② 刘萍、孙天琦、张韶华：《有关美国非吸收存款类放贷人（NDTL）的考察报告》，《西部金融》，2008（9）。

(3) 最低资本金要求低，没有权益负债比例限制。通常一些州对放贷人都规定了最低资本金注册制度，如加利福尼亚州规定的最低资本金为 25 000 美元，并且要符合美国的通用会计原则。美国各州对许可的放贷人没有资产负债率和损失准备的法律要求，但是在会计上的损失准备要符合美国的通用会计原则。另外，市场力量和评级机构也可以要求放贷人保持资产负债比率以在市场上获得资本。

2. 非吸收存款类放贷人的运行制度

(1) 放贷人不吸收公众存款，但融资方式灵活。虽然其不可以向公众吸收存款，但是其融资方式多种多样，比如向银行贷款、发放债券或股票和资产证券化等。(2) 业务种类丰富。非吸收存款类放贷人除了不能吸收公众存款之外，其他的银行业务均可以为之，包括消费借贷、商业借贷、保险和发放信用卡之类。(3) 经营区域不受限制，但是跨州经营需按照该州法律领取牌照。美国法律对非吸收存款放贷人的经营地点并无限制，但是从事放贷业务需要获得所在州的批准，进行法律注册，即在不同州开展业务时需要获得多个州的牌照。(4) 放贷人利率的规定。一些州通过《反高利贷法》设定利率上限，一些州则不存在利率上限，且即使存在利率上限，根据不同的贷款类别，其最高利率也不相同。根据贷款用途的不同、放贷人条件不同，以及采取的担保方式不同，其利率规定也不相同。一般情况下，消费类利率高于商业类利率，无担保贷款利率高于有担保贷款利率。由于美国法律对最高利率并不限制，因此其对美国高利贷行为采取的《反高利贷法》进行了法律规制，如果其放贷利率违反《反高利贷法》的规定，则要受到法律处罚。

3. 非吸收存款类放贷人的监管制度

美国对于非吸收存款类放贷人的监管属于非审慎性监管，相较于吸收存款的银行机构，其监管较为宽松。美国对于非吸收存款类的机构的监管较为宽松主要体现在以下几个方面：(1) 监管由州立政府负责，不存在联邦管制。主要监管放贷人是否取得放贷牌照、是否按期向监管部门提交报告以及是否符合监管部门的定期检查要求。在美国，几乎每个州都有针对放贷人的法令，且所有法令都管制消费类借贷，个别州同时管制商业类借贷。监管的内容主要有：被监管者是否为有牌照经营，要求被监管者提供财务信息、职员信息等，定期接受监管部门的检查，定期提交报告和换发执照，监管者有权发布停止或终止命令、提起诉讼等。监管部门为银行业监管部门，有的州为州务卿办公室。同时因为消费类借贷的主体为个人，相对于企业属于弱势群体，因此，对消费类借贷的放贷人的监管重于对商业类贷款的监管。(2) 许可程序和检查程序都较短。一般银行贷款的申请期限为一年，非吸收存款类放贷人从申请到立项一般需要 60—90 天，且主要考虑有关资本净值、董事、高级管理人和主要股东的背景等要素，且不需要在报纸上发公告说明从申请到成立的整个过程。(3) 对贷款协议不干涉。对单一贷款人不再加以贷款限制，不干涉其与会员的交易。

4. 非吸收存款类放贷人的退出制度

当非吸收存款类放贷人退出市场时，美国并没有专门的针对非吸收存款类放贷人的破产法或清算法律，其可以根据州或联邦法律进行清算，也可以依据美国《破产法典》进行清算。

5. 其他方面的法律制度

（1）广告方面的法律规定。放贷人可以自由刊登广告，但是要与其向公众披露的信息相同。放贷人要清楚、明确地公布信贷条款，要与其广告中的规定保持一致。（2）税收方面的法律规定。非吸收存款类放贷人与其他商业实体一样，并不享受任何税收方面的优惠政策。同时担有向征信机构提供相关信息的义务。提供的信息主要包括放贷人的名称、支付情况、债务余额以及该账户是开放的还是封闭的。有时放贷人也要提供借款人总的可用额度信息。信息报告的具体格式和标准通常由消费者数据信息协会设定。

二、新加坡民间商事借贷立法

（一）立法概况

新加坡《放贷人法案》于1959年制定，其主要目的是保护不常借钱的借贷者，以防他们被不择手段的放贷人收取过高的利息。自该法案制定以来直至2008年新法案的推出，《放贷人法案》共经历了14次修案过程，这项法案的修正主要是就民间借贷出现的新问题做出法律调整。2008年新加坡有220个经过注册的放贷者，2007年有170个。随着注册放贷者的增加，放贷金额也从2007年的190亿美元上升到2008年的290亿美元。放贷者大多数是以个人名义放贷，也包括合伙放贷和企业进行的放贷活动。随着新加坡放贷人数量的增加、放贷金额的上涨以及经营模式的变化，原有的法律已不足以适应现代社会经济的发展。于是新加坡律政部于2008年展开公众咨询活动，并在2008年11月经国会三读通过了新加坡《放贷人法案》的修正案，于2009年3月1日正式实施。此次修改是对1959年该法案的全面修改，对于完善放贷人法律制度具有重大意义。为了对2008年新加坡《放贷人法案》做出进一步的解释、介绍和出台具体实施细则，新加坡于2009年又制定了《放贷人条例》。

2008年新的放贷人法案通过之后，新加坡放贷业务量显著增长，其中放贷人的数量在2012年上升到243家。新加坡政府发现，自从取消年入超过2万元者的利率顶限后，许多放贷公司开始征收过高的利率和预付费用，于是决定加强管制条例，包括管制放贷广告。于是2010年，新加坡政府再次修订了《放贷人法案》，推出了新措施以加强管制放贷业，同时保护低收入借贷者。《放贷人法案》主要有三个方面进行了再次修订：加强放贷人注册局的执法权、保护向非法放贷人借钱的借贷者资料以及澄清放贷人营业地点的管制条例。2012年《放贷人条例》对《放贷人法案》修改的内容和本身的规定也重新做出了修订，主要有以下四个方面：第一，强制规定放贷公司放弃名义（nominal）利率，改用有效（effective）利率，作为利率顶限的基础。第二，扩大享有利率顶限的贷款者范围，以保护更多借贷者。第三，废除三种导致真正贷款额提高的非必要费用，防止放贷公司乘机把这些费用提高，进而导致真正贷款额提高。第四，废除在特殊情况下可允许无抵押贷款顶限上调的规定，弥补可能导致过度借贷的漏洞，同时避免低收入借贷者被收取过高的利率。

从上述新加坡《放贷人法案》的立法概况可知，其修订频率极高，随着民间借贷的现实发展，法律及时做出相应调整，体现了法律的与时俱进。同时反映了新加坡重视民间金融的发展，力图通过统一法律规制的方式克服其弊端，使其更好地为国家的经济、社会发展服务。

（二） 法律主要内容

新加坡 2008 年《放贷人法案》包括四个部分的内容：第一部分为导言，对法案的立法宗旨和适用范围进行了规定，对法案中出现的法律词语进行了释义。第二部分为放贷人的领牌事宜，规定了放贷人经营放贷业务中的牌照申请、牌照续期和牌照注销等内容。第三部分为放贷业务的监管、执行和诉讼，包括放贷人广告的规定、借贷双方合同应注意的问题和错误性的误导借款行为将被视为犯罪等内容。第四部分为其他规定，主要包括法院的管辖范围以及申请的豁免等细节性的补充规定。

1. 适用范围

新加坡《放贷人法案》在导言中明确规定，此法为调整放贷人行为及其相关事务的法律。在法案第一部分的导言中，规定放贷人指的是以放贷人本人或中介的身份，开展或者以其他任何方式参与放贷业务的个人，不论他是否还有其他营业，但是不包括其他任何不被认为是借贷人的其他个人。同时也采用排除的方法，豁免了适用此法案的放贷人，包括：（1）任何经过国会授权的实体企业、合并企业或者授权企业可以进行放贷业务的。（2）任何自然人经过有关机构的书面法律规定被授权放贷的或并没有书面规定禁止其进行放贷行为的，则意味着允许其进行放贷业务。（3）经过《合作社法》规定注册的信用机构；经过《典当法》授权的典当行或者是其他人——雇主向雇员做出的福利性质的贷款；根据《证券期货法》规定下的借钱仅仅给投资者或者仅仅借钱给公司、有限责任合伙企业、受托人或者信托管理人，具体情况为：为了商业信托的目的而进行的商业信托，为了房地产投资而进行的房地产投资信托，或者进行的相关信托投资组合活动；任何人在其日常业务中基本上或者主要并不涉及贷款者，在其通常业务运作中做出的贷款。[①]

2. 放贷人准入制度

新加坡《放贷人法案》第二部分规定了放贷人的领牌事宜，其主要内容有：第一，无牌照不允许进行放贷行为。任何一个人不管以何种方式进行放贷，无论是作为主业还是中介，都必须领取牌照经营放贷业务，除非他被授权得到牌照，属于排除的放贷人或免除的放贷者。在符合第一部分的条件下，不得在牌照所指明的处所以外的其他任何地方经营放贷人业务。申请牌照，需要按照注册部长所要求的形式申报，并支付一定数额的金钱，注册部长审查其申报材料，可以做出授予牌照或者拒绝授予牌照的决定。每个许可证的期限为 12 个月或者是法案中规定的其他期限，注册部长可以在任何时间书面通知被许可人，更改或者撤销现有条件的申请或者增加新的条件。同时许可证颁发给公司，公司的任何一个合作伙伴以公司名义进行放贷业务，都被视作其已经领取了放贷牌照。牌照可以续期，在牌照到期前一个月按照注册部长所要求的方式提出续期申请。注册部长根据其申请材料做出同意续期或者拒绝续期的决定。放贷人从事放贷业务将受到地域范围的限制，其只能在牌照上申请地方开展放贷业务，如其想在其他地方开展放贷业务，则应向注册部长提出书面申请，注册部长经过书面审查之后，可以做出同意或者拒绝的决定。第二，无牌照放贷的处罚。如果贷款合同由无证放贷人做出，或者合同并无保证人或保证金，则合同的贷款、担保和保证金将不能强制执行，无证放贷人放出的贷款在任何法院也不会得到受理，

① MONEYLENDERS ACT (2008), PART Ⅰ PRELIMINARY, article 2 (a)-(e).

即无证放贷人的贷款不受法律保护。任何申请人、申请续期人或者申请在新地方开展业务的人如其故意或过失地向注册部长提交存在虚假性或误导性的材料，或者注册部长有理由相信其提交的材料存在上述状况的，则构成犯罪，可判处不超过 4 万美元的罚款或者不超过 12 个月的监禁，也可以二者并处。任何被许可人违反了牌照的要求或者以其他的商业名称而不以自己的名义进行放贷的，则构成犯罪，可判处不超过 2 万美元的罚款。[①]

3. 放贷运行制度

放贷运行制度指的是开展放贷业务所应遵循的法律规则，主要包括贷款利率的规定、高利贷行为的禁止以及与贷款合同有关的相关事务等。第一，利率的规定。新加坡《放贷人法案》中规定了无担保的最高年利率为 18%，而有担保的最高年利率为 12%。强制规定放贷公司放弃名义利率，改用有效利率，作为利率顶限的基础；扩大享有利率顶限的贷款者范围，以保护更多借贷者。与名义利率相比，有效利率能把一年里的贷款次数的复合效应（compounding effect）呈现出来，即有效利率可以更好地反映出一年借贷的实际数额，让借贷者更容易与其他借贷配套相比较。第二，经营场所的标志和新增业务地点的规定。任何一个被许可人都应以明显的方式在其每一个经营放贷业务的场所用英文标示出其商业名称和有牌照放贷。任何人违反此项规定将构成犯罪，可判处不超过 5 000 美元的罚款。放贷人若在新增地点开展放贷业务，则需重新向当地注册管理局提出申请，注册部长可以有条件或无条件地批准或者拒绝批准。第三，不得暴力要求还款。任何人不得骚扰、困扰借款人及其住所。任何人不得使用侮辱、辱骂等威胁手段危害借款人及保证人或者上述人员的家庭成员，否则构成犯罪，根据刑法的规定判处刑罚。可见新加坡打击高利贷和暴力索款的力度及决心。第四，贷款合同的形式要求。每一个被许可的放贷人都应在其放贷之前书面通知借款人放贷事项的相关事宜并提供相关书面材料。违反此项义务，贷款人将无权获得根据该合同所获得的利息，无论借款人是否有担保。同时任何人违反上述规定的，将构成犯罪，可判处不超过 2 万美元的罚款或者不超过 6 个月的监禁。如果被许可人按照上述规定做出贷款，即使没有保证人或者没有借款人提供的保证金，也属于有效，借款人无钱还款，贷款人诉至法院的，法院应该受理。第五，放贷人广告的规定。放贷人不得在其广告或营销中故意或过失地发布或发表具有虚假信息或具有误导性的材料，违反此规定将会构成犯罪，可判处 2 万美元的罚款或者不超过 6 个月的监禁或者二者并处。第六，介绍借贷者给非法放贷人将构成犯罪。2010 年《放贷人法案》的修正法案阐明，任何人如果与非法放贷人分享有意借贷者的资料，或把有意借贷者介绍给非法放贷人，都将构成犯罪。[②]

4. 放贷监管制度

为了达到监管的目的，检查放贷行为是否符合法律的规定，注册部长或者其授权的官员可以随时检查放贷的经营场所以及与放贷行为相关的书面文件材料，要求放贷人提供任何与放贷行为相关的信息。2010 年新加坡《〈放贷人法案〉修订案》授予主管放贷业务的注册局更大的执法权，其能聘请辅警协助执法任务，对放贷公司展开更频密的检查。其可上门查看和复印文件，也可要求放贷公司在指定的时间和地点提呈相关资料，然后对违法公司采取行动。放贷人应当配合注册部长的检查，任何人阻止或者妨碍注册部长或者授权的官员行使以

---

① MONEYLENDERS ACT（2008），PART Ⅱ LICENSING OF MONEYLENDERS，article 5（1）.

② MONEYLENDERS ACT（2008），PART Ⅲ REGULATION OF BUSINESS OF MONEYLENDING，ENFORCEMENT AND PROCEEDINGS，article 16（2）.

上权利的，将构成犯罪，可判处不超过 3 万美元的罚款或者不超过 12 个月的监禁或者二者并处。被许可人向注册部长或者得到授权的官员提供虚假的信息或者材料，也构成犯罪，可判处不超过 3 万美元的罚款或者不超过 12 个月的监禁或者二者并处。[①]

5. 放贷退出制度

新加坡《放贷人法案》对于放贷人的退出制度主要规定为自愿退出和强制退出。自愿退出，即放贷人在牌照营业期间自愿停止其放贷业务，向注册管理局提出申请，对其财务状况进行审查后由注册部长做出同意或者拒绝的决定。强制退出指放贷人存在过错，注册部长可以撤销或者暂停其放贷牌照，其情形主要为：(1) 放贷人故意或过失地在申请材料、注册申请书或其他书面文件中遗漏了应当列明的事项或者存在错误的、误导性的语言；(2) 以不合适的方式开展放贷业务；(3) 在申请注册地点以外的地方开展放贷业务；(4) 其他任何违反执照的情形。注册部长根据上述情形做出撤销或暂停的决定，应当出示书面通知，并指定一个日期由放贷人说明理由，否则在决定做出 21 日之后，则许可证失效。

三、日本民间商事借贷立法

（一） 立法概况

日本的民间借贷发展于 20 世纪 50 年代经济持续快速发展时期，国家为了规制民间借贷的发展制定了《出资法》和《利息限制法》。20 世纪 80 年代日本政府开始对民间借贷进行法律规制，于 1982 年制定了《关于放贷业规制的法律》。21 世纪后，日本的民间借贷持续发展，《关于放贷业规制的法律》不能适应现实经济发展之状况，因此日本于 2006 年对该法进行了重大修改，并将其名称改为《放贷业法》，同时对其他相关法律也做出了相应的修改。

（二） 法律主要内容

1. 立法宗旨和适用范围

日本《放贷业法》第一条规定了该法的立法宗旨，鉴于放贷业对于日本经济发展的促进作用，放贷业的经营实行注册登记制度，对放贷业进行必要的规制，且成立放贷业者组织的团体，促使其积极活动，确保放贷业业务的正当运营，以保护资金需求者的利益和促进国民经济的发展。此法建立在日本“地下金融”和“消金三恶”的猖獗阶段，[②] 因高利贷和多重借贷导致众多人破产、自杀，据统计，因经济问题自杀者，其中 35%都与此相关，因此其成为当时日本严重的社会问题。所以此法的立法宗旨为保护资金需求者的利益和促进国民经济发展。日本《放贷业法》第二条规定了其适用范围，放贷业包括金钱借贷媒介业、票据贴现业、当铺、信用卡公司、流通业等。其实此处《放贷业法》规制的主要是贷金公司的发展，所谓贷金公司是指以面向消费者和企业发放贷款为业务的企业，即在中国所称的“贷款公司”。

---

① MONEYLENDERS ACT (5 \ 2010), PART Ⅲ REGULATION OF BUSINESS OF MONEYLENDING, ENFORCEMENT AND PROCEEDINGS, article 25 (A) 1.

② 所谓的“消金三恶”是指过高利率、多重借贷和暴力或者违法讨债，其在 20 世纪 80 年代的日本呈现猖獗发展之势，危害了众多消费者的利益。参见孙章伟：《日本贷金公司的发展现状、问题应对及启示》，《日本学刊》，2010 (6)。

2. 放贷业务的主体准入制度

日本的《放贷业法》主要在以下几个方面规定了放贷人的准入制度：第一，资金要求。不论是法人还是个人，一律分阶段提高放贷资金的标准。法人的纯资产基准由 500 万日元、个人的 300 万日元，一律在 2009 年 6 月 18 日提高到2 000万日元，在 2010 年 6 月 18 日提高到5 000万日元。第二，放贷业务主任任职考试制度。2009 年 6 月 18 日进行考试，放贷人有义务设置合格的放贷场所。第三，放贷人的注册登记要求。放贷人未经注册登记不得开展放贷业务。重要使用人、放贷机构职员和放贷主任均应进行注册登记。禁止以自己的名义注册但由他人实际经营。登记有效期为 3 年，3 年期满前 5 个月到 2 个月期间必须向农水商务部金融室提出更新登记。第四，处罚措施。未经注册登记即经营放贷业务的，处 10 年以下徒役，3 000万日元以下罚金或者二者并处。

3. 抑制贷款人过量贷款制度

“消金三恶”其中之一为多重债务，日本政府为了约束多重债务的发展，在《放贷业法》中专门规定了抑制贷款人过量贷款制度。第一，确定过量贷款的判断标准。当借款人借入资金数额达到 50 万日元，或者与其他公司机构合并借入资金数额达到 150 万日元，就被要求提供年收入的证明文件，由政府对借款人的年收支情况进行审查。法律禁止借款人超过其还款能力进行借贷，同时对保证人的保证能力也认为有必要进行审查。第二，确立判断过量贷款的参考因素。放贷人在放贷时应考虑借款人的还款能力，主要基于以下几点因素进行考虑：信用、收入、保有资产，从他人处借入资产的状况、家庭构成及生活真实信息等情况。超过基准金额的贷款要重新进行申报并提交相应的证明文件。第三，创设信用信息公开机构。该机构提供借款人的信用信息，旨在完善放贷业监管体系，消费者征信体系和贷款记录建设，确保放贷业者的资金安全。

4. 利息约束制度

利息利率制度的规定是《放贷业法》的核心，主要内容有：第一，调低利率限制。根据经济发展状况，日本在《放贷业法》中调低了在《出资法》中的利率规定。第二，重新界定了利率利息的适用。如有从同一贷款人已贷款的情形，新规贷款的本金额和既存的本金余额合并计算，区分适用利率上限。第三，废止了自愿支付规定。自愿支付是指借款人自愿支付超过本法规定的利息，该利息不可以冲抵本金，也不能请求返还。但是本次修改的《放贷业法》为了保护借款人利益，认为自愿支付超过的利息可以以不当得利为由要求返还，即废除了原本存在的“自愿支付”规定。

5. 其他制度

在日本的《放贷业法》中还强化了放贷业协会的自主规制职能和对暴力收回贷款行为的法律规制。日本放贷业协会具有法人资格，2009 年被金融监管部门确定为“指定金融纠纷解决机构”，负责解决与放贷业有关的各种纠纷，保护借款人利益，促进放贷业的健康发展。另外，本法禁止采用暴力的方式要求还款，即法律禁止胁迫债务人或者保证人进行有害于其私生活和对其行动产生危害的行为，如果采取违法方式要求还款，则会被处以行政处分或者刑罚。[①]

---

① 郭娅丽：《日本规范放贷业的新动向及其启示》，《经济法论丛》，2013 (1)。

四、我国香港地区民间商事借贷立法

（一）立法概况

我国香港地区放贷历史悠久，自1980年出台《放债人条例》对放贷者加以监管，数十年来，积极灵活的小额信贷对经济发展的贡献功不可没。[①] 现行的香港地区《放债人条例》是在1980年制定的，主要是应对高利贷问题。在1980年《放债人条例》施行之时，同时废除了香港地区《1911年放债人条例》。截至2010年11月底，香港地区持牌放债人有624家，申请牌照续期的有154家，正在申请牌照的有32家，牌照到期的有2106家，驳回申请的有94家，撤回申请的有214家。[②]

（二）法律主要内容

1. 立法宗旨和适用范围

第一，对放债人及放债交易的管制和规管、放债人注册处处长的委任以及经营放债人业务的人的领牌事宜。第二，为应对过高的贷款利率及敲诈性的贷款规定而提供保障和救济。第三，认定罪行及订立相关条文。第四，废止了《1911年放债人条例》，新条例第二条对放债人进行了释义：所谓放债人是指经营贷款业务（不论其是否亦经营其他业务）的人，或宣传、宣布或以任何方式显示自己是经营该业务的人。但是在条例的附表1中也规定了此条例受豁免的人，包括：《银行业条例》所指的认可机构的附属公司、合作社、香港储蓄互助社协会、职工会、保险人、大学交易资助委员会、银行、经营证券保证金融资业务的法团以及证券公司等。

2. 放债人的准入制度

第一，放债人无牌照不得经营放债业务。香港地区施行的《放债人条例》规定任何人或组织若从事放债业务，均需向放债人注册处处长领取牌照，禁止无牌照经营。第七条之一规定，任何人士如有下列情形，均不得经营放债业务：（1）未领有牌照；（2）在牌照所指定楼宇以外之任何地方经营业务；（3）不遵照持牌条件经营业务。第二，牌照的效力及有效期。《放债人条例》第十二条规定，牌照载明之人士，均获授权在牌照所指定之任何楼宇内经营放债业务，有效期间为12个月，由发牌之日起计。持牌人在牌照期满前3个月内可以申请将牌照续期，继续经营放债人业务。第三，牌照的撤销及暂时吊销。在注册处处长或警务处处长做出申请后，如果牌照法庭认为有以下情形，则应下命令将牌照撤销或者暂时吊销：持牌人不再是经营放债人业务的适当人选；牌照内指定的处所或任何该等处所或其所在地点不再适宜作经营放债业务之用；持牌人严重违反该牌照的任何条件，或不再符合与其放债人业务有关的任何其他条件；自发牌后，持牌人的业务曾在某时间或者某场合以违反公众利益的方法或方式经营。第四，牌照的转让及新处所的增设，或以新处所代替旧处所。此外，持牌人不得随意转让牌照；如果持牌人去世，其配偶或者年满21岁的家庭成员，或代表其家庭的任何人，可以向牌照法庭申请将其姓名签注在牌照上；持

① 彭琳：《港人港事：又到年底香港民间借贷忙》，见 http：//finance. sina. com. cn/column/international/20121016/161713384355. shtml，2012-10-16。

② 孙天琦：《香港专业放债机构的有关情况及其启示》，《西部金融》，2012（6）。

牌人若想在其指明处所以外增设任何处所经营放债人业务，则可向牌照法庭提出申请；持牌人若拟将其牌照上注明的处所替换为新的处所经营放债人业务，则也应向牌照法庭提出申请。

3. 高利贷的认定

我国香港地区《放债人条例》第四部分专门对过高利率做了规定。第一，高利贷为犯罪行为。任何人（不论是否为放债人）以超过年息60%的实际利率贷出款项或要约贷出款项，即属犯罪。任何贷款的还款协议或关于任何贷款利息的付息协议以及就该项协议或贷款而提供的保证，如果其实际利率超过了上述规定，则不得予以强制执行。任何人犯本条所订罪行，经建议程序定罪，可处罚款港币50万元及2年监禁，经公诉程序定罪，则处罚款港币500万元及监禁10年。第二，非法协议的规定。任何放债人订立的贷款协议如直接或间接规定了以下事项，即属非法：支付复利；禁止以分期方式偿还贷款；依据该协议规定已到期的款项有所拖欠为理由，而提高利率或提高利息款额。第三，无牌照不得追讨贷款。除非放债人交出牌照或以其他方法令法庭信纳在贷款之日、订立协议之日或取得保证之日其已领有牌照，否则无权在任何法庭追讨由其贷出的款项或该笔款项的利息，亦无权强制执行其所订立的协议或强制执行就其贷出款项而取得的保证。

4. 放债人的监管制度

《放债人条例》第四条规定了注册处处长的监管职能，具体内容为：行政长官须委任一名公职人员为放债人注册处处长。注册处处长须设立及备存一份登记册，并安排在该登记册内记载申请发给牌照或申请续期的牌照、有效的牌照、撤销的牌照或暂时吊销的牌照以及其他认为适当的任何事项。

5. 其他制度

第一，放债人协议方式规定。《放债人条例》还对借贷双方的协议形式进行了规定。在该贷款协议订立后的7日内，将法律中要求的协议内容以书面形式写成该协议的摘要或备忘录，并由借款人亲自签署，否则关于放债人贷出款项的还款协议或该款项的支付利息协议不得强制执行。第二，对放债人刊登广告的规定。放债机构的任何广告必须展示牌照内指明的放债人的姓名或名称，必须列明拟收取的年利率。第三，自律组织。香港持牌放债人公会是香港放债行业的同业组织，成立于1999年12月，会员达30多个。该公会的职责有：（1）维护和保障持牌放债人的整体利益，制订行业业务营运守则；（2）鼓励放债人同业间的相互交流与合作，提高和促进放债人的业务操守及自律精神；（3）在现行法律和《放债人条例》下就放债业事务到政府及有关机构进行游说、磋商，目标是争取成为一个有公信力及具影响力、权威性的代表和咨询团体，提高放债业的社会地位。[①]

五、我国台湾地区民间商事借贷立法

（一）立法概况

我国台湾地区的民间借贷活动长期存在，尤以互助会的形式最为流行。在正规金融体系尚未健全时期，其对台湾的经济发展做出了重要贡献。互助会经常发生于亲戚、朋友、

① 孙天琦：《香港专业放债机构的有关情况及其启示》，《西部金融》，2012（6）。

同事和同学之间，用以解决小额融资等问题。但由于互助会缺乏法律规制，经常会发生倒会等事件，进而导致暴力要求还贷、企业破产等危害个人和家庭的悲剧，严重影响了社会稳定。随着经济的快速发展，互助会也由先前具有的互助性质演变为自然人投资营利的一种手段，随着社会价值体系的变化，极易演变为不法之徒谋求非法利益的一种工具。[①] 因此，为了降低金融风险，促进社会和谐发展，台湾地区"《民法》"在 2000 年 5 月 5 日将互助会纳入"《民法》"债篇予以规范，从此台湾民间金融由地下转为地上，开始在规制下发展。

（二） 法律主要内容

1. 合会契约的规定

台湾地区"《民法》"第七百零九条之一第一项规定，称为合会者，谓由会首邀集二人以上为会员，互约交付会款及标取合会金之契约。其仅有会首与会员为约定者，亦成立合会。这里"《民法》"对合会的规定包括了两种类型：团体性合会和单线性合会。团体性合会是指会员为成立共同事业的组织，各会员缴纳的会款属于全体会员共同拥有，即会首与会员、会员与会员之间彼此具有合会的法律关系存在。单线性合会是指会首与会员之间订立契约，会员与会员之间并无法律关系存在。"《民法》"第七百零九条之三规定，合会契约在成立的时候，原则上必须要用书面形式订立，否则不具有法律效力。但是存在一个例外的情形，即如果没有订立书面协定，必须要在会员交付第一期会款之后，合会契约才视为成立。书面合会契约上要记载的事项为：会首姓名、地址和电话号码；全体会员的姓名、地址和电话号码；每一份会款的基本种类和基本数额；起会日期；标会日期；标会方法和出标金额约定的最高金额和最低金额。因此，合会契约是书面契约。

2. 成员资格的限制

在台湾地区并不是任何人都可以成立互助会进行借贷，其对互助会的成员资格有明确规定。第一，成员限于自然人。我国台湾地区"《民法》"第七百零九条之二第一项规定，会首及会员限于自然人，法人不得为会员。其立法理由为为防止合会经营企业化，造成巨额资金集中，若运用不慎，有抵触金融法规之虞，故限制会首及会员之资格，非自然人不得为之。[②] 第二，会首不得兼为会员。我国台湾地区"《民法》"第七百零九条之二第二项规定，会首不得兼为同一合会之会员。从法律关系上进行分析，如果会首可以担任同一合会之会员，则其合会法律关系将因兼具债权债务之身份，不符合法律关系的构成要素；另外，如果会首收取首期合会金后，又可以会员身份快速竞标取得会款，或将使会首取得利益后不履行义务，或将使会首负担每期两笔或两笔以上会款的偿付，无疑加大了倒会的风险。因此会首不得兼任同一合会之会员。第三，无行为能力人和限制行为能力人不得成为会员。我国台湾地区"《民法》"第七百零九条之二第三项规定，无行为能力及限制行为能力者，不得为其法定代理人的会首。其立法理由为无行为能力人及限制行为能力人，其本身思虑未周，处事能力不足，且资历有限，尚难有担任会首之能力。又为维持合会之稳

① 陈铭聪：《台湾地区民间金融问题与法律规制研究》，《中国商法学研究会 2012 年年会论文集》下册，第 1165 页。

② 参照我国台湾地区"《民法》"第七百零九条之二的立法规定。

定，遏止倒会之风，无行为能力人及限制行为能力人亦不应参加其法定代理人为会首之合会。①

3. 会首与会员的权利义务规定

会首的权利和义务：第一，会首的权利。合会一般由会首邀请组成，第一期的合会金未经竞标程序即由会首首先取得，之后不必加息给付其他各期得标的会员，可以享受无会息的优待。第二，会首的义务。会首不得兼为同一合会之会员。会首需指定标会的时间，提供标会的场所，通知各会员届时到达指定场所参与竞标，并主持标会程序，若会首因故无法主持标会，亦由会首指定或由到场会员推选之会员主持。会员的权利和义务有：其一，会员的权利。互助会的会员分为活会会员和死会会员。活会会员是指尚未标取合会金，而只是定期支付各种会款的，犹如定期储蓄之人；死会会员是指已经标取合会金，而必须按期支付和偿付死会会款的，犹如定期还款之人。活会会员每会期都享有参与竞标的权利，且会员得标后，可于开标后四日内，请求会首交付该期全部的合会或互助会金。其二，会员的义务。我国台湾地区“《民法》”第七百零九条之七第一项规定，会员应于每期标会后三日内交付会款给会首，依死会或活会，以及内标制和外标制缴纳不同的金额。同时会员不能以其他会员倒会为由拒绝缴纳会款。如会员未按期缴纳，由会首代为缴纳的，则该会员应负有加利息偿还的义务。第七百零九条之八第二项规定，会员非经会首及全体会员同意，不得退会，亦不得将自己之会份转让给他人。

4. 合会的解散与清算

我国台湾地区“《民法》”第七百零九条之九规定了合会的解散和清算事项。因会首破产、逃匿或有其他事由导致合会不能继续进行时，会首及已得标会员应给付之各期会款，应于每届标会期日平均交付于未得标之会员。但另有约定者，依其约定。会首就已得标会员依前项规定应给付之各期会款，负连带责任。会首或已得标会员依第一项规定应平均交付于未得标会员之会款迟延给付，其迟付之数额已达两期之总额时，该未得标会员应请求其给付全部会款。第一项情形，得由未得标之会员共同推选一人或数人处理相关事宜。

5. 倒会的法律责任规定

倒会的法律责任又因会首倒会和会员倒会而体现为不同的法律责任。第一，会首倒会的法律责任。会首倒会的法律责任分为民事责任和刑事责任。会首依“《民法》”第七百零九条之七第二项规定，有交付全部合会金给得标会员的义务，若会首倒会，得标会员得依签署规定要求会首履行，必要时得依书面催告履行。若会首未能履行，甚至逃匿无踪，则活会会员只能申请“法院”发支付命令或提起民事诉讼，就会首的财产进行追偿。如会首破产、逃匿或有其他事由导致合会难再由会首主持时，由未得标之会员共同推选一人或数人处理相关事宜。同时依“《民法》”第七百零九条之七第二项规定，会首具有代给付的义务，于倒会发生时，会首需就已得标会员应给付之各期会款，负连带责任。根据台湾地区“《刑法》”第二百一十条、第二百一十六条和第二百二十条的规定，会首处在邀集合会之初，若因本身资金周转不灵，无法维持合会继续进行者，尚不构成犯罪。但会首未经活会会员委任或同意，擅自伪造其他活会会员名义，签写投标单，冒领合会金，则应构成伪造私文书罪。会首虽有代得标活会收集合会金的责任，但该合会金的所有权系属于得标活

① 参见我国台湾地区“《民法》”第七百零九条之二第三项的立法规定。

会，因此擅自占为己有者，应构成侵占罪。第二，会员倒会的法律责任。又分为民事责任和刑事责任。若会员于缴纳期限未缴纳会款者，应代为给付会款给得标会员，因此，会首得请求未给付之会员加利息偿还。若会首要求得标会员出具借据，则二者成立消费借贷契约关系。会首享有请求该得标会员返还借款的权利。会首可以将其消费借贷的债权让与其他活会会员，由其直接向已得标的死会会员请求该借款，会首若怠于行使该债权的，活会会员亦可代为行使。会员倒会，若因自己资金周转不灵，无法继续缴纳合会金，尚不构成犯罪。但为避免会员得标后因故无法继续缴纳合会金，会首必须负担代缴的责任，乃约定得标会员必须提出其他会员或第三人未连带保证人之保证书，甚至需提供担保至该合会结束。得标会员要提供每期应缴合会金的本票或支票，且该本票或支票必须有其他会员或有资历的第三人共同为发票人，以供担保合会金的缴纳，若未经其他会员或第三人同意，以其他会员或第三人名义签写保证书或票据书，则可构成伪造私文书罪及伪造有价证券罪。

第二节　民间商事借贷的立法启示

一、民间商事借贷立法应制定全国统一的专门法律

从上述其他国家及我国香港地区、台湾地区有关民间借贷的规定来看，皆采取了统一立法的方式对民间商事借贷进行了专门的法律规定。美国根据借贷主体的不同采取了分类立法的模式，分别制订了《美国信用社合法化法案》与非吸收存款类放贷人法案；新加坡和我国香港地区则针对职业放贷人制订了《放贷人法案》与《放债人条例》，统一立法的模式使得作为正规金融补充的民间借贷行为有法可依，既规范了民间借贷行为，也加强了国家对民间金融秩序的监管。“哪里有社会，哪里就有法律；哪里有法律，哪里就有社会。”法典化是大陆法系国家的传统，即拥有条理清晰、概念明确的成文法典是大陆法系国家的重要特征。我国作为实行大陆法系的国家，制定统一的专门法律也是我国法治的重要特征。2008 年，我国央行向国务院提交的《放贷人条例（草案）》，迟迟未出台，为了规制民间借贷的健康、有序发展，我国各地政府先后出台了地方性调整民间借贷的规定，比如民间借贷发达地区的鄂尔多斯市和温州市就出台了这方面的规定。因此，针对民间商事借贷制定统一的专门法律既符合我国传统，也顺应了世界规制民间借贷健康发展的趋势。

二、民间商事借贷立法应当建立市场准入制度

美国、新加坡和我国香港地区放贷人若要经营放贷业务，均需向有关部门领取牌照才可经营。无牌照不允许进行放贷业务，已经注册登记的人必须严格遵守登记的相关事项。如果未经注册登记开展放贷业务，则会造成严重的法律后果。如我国香港地区《放债人条例》规定，任何人不得无牌照经营放贷业务，或者在牌照所指明的处所以外的任何地方经营放贷业务，或者不按照牌照上的条件而经营放贷业务。新加坡《放贷人法案》规定了放

贷人无牌照经营放贷业务，则其贷款可能会遭受无法收回的风险。我国香港地区规定了无照经营放贷业务的，则放贷人无权在任何法庭追讨放出的贷款和利息，亦不可强制执行其所订立的协议或者强制执行其贷款获得的保证。各国对于放贷人准入门槛条件规定较低，且不论其是否专营放贷业务，只要经营或宣传、宣布或以任何方式显示自己经营该项业务，即为放贷人，受《放贷人法案》调整。其组织形式多种多样，个人、合伙或公司符合法案中放贷条件的均可申请牌照，从事放贷业务。民间借贷作为民间金融的一种形式，应发挥其灵活、简便的特点，才能拥有与正规金融竞争的实力，但也应对其市场准入采取严格的注册登记制度，将其放贷活动纳入金融监管范围，这点对于我国民间商事借贷的立法而言至关重要，只有建立了市场准入法律制度，对民间借贷活动的监管才能够“师出有名”。

三、民间商事借贷立法应明确规定放贷利率

综观上述各国对于民间借贷利率的规定可见，其均在法律制度中对放贷的利率进行了限制性规定。如日本的《贷金业法》规定放贷人经营的消费贷款合同中年利率为 9.5%。我国香港地区的《放债人条例》规定任何人以超过年息 60%的实际利率贷出款项或要约贷款，均属于构成犯罪。美国则是根据放贷人身份不同，采取不同的利率规范，这种方式更适合其经济的发展。因此我们民间商事借贷的立法中也应对民间借贷的利率进行了明确规定。2015 年 9 月 1 日之前，我国立法中规定的是贷款利率不应超过银行同期贷款利率的 4 倍，超过部分法院不予支持。这种做法虽明确规定了贷款利率的限度，但是其惩罚力度不够。自从 2013 年 7 月央行不再公布贷款基准利率后，《最高人民法院关于审理民间借贷案件适用法律若干问题的规定》统一调整为借贷双方约定的利率未超过年利率 24%，出借人请求借款人按照约定的利率支付利息的，人民法院应予支持。借贷双方约定的利率超过年利率 36%，超过部分的利息约定无效。借款人请求出借人返还已支付的超过年利率 36%部分的利息的，人民法院应予支持。即利率分为“两线三区”。第一条线，就是民事法律应予保护的固定利率为年利率的 24%；第二条线是年利率 36%以上的借贷合同为无效。通过这两条线，划分了三个区域：一个是无效区，一个是司法保护区，一个是自然债务区。现实生活中民间借贷的利率远远超出了我国法律的规定，但是对超出者仅仅不予支持的做法，不足以威慑违法者，违法成本较低导致法律虚位，不利于发挥法律的规制作用。因此在我国民间商事借贷的立法中，应对民间借贷的利率进行明确规定，并且加大对违法者的惩处力度，发挥法律的威慑作用。

四、民间商事借贷立法应严禁高利贷行为

各国除了对贷款利率做出明确的规定外，还都对高利贷行为的构成和处罚做出了规范。新加坡《放贷人法案》中规定不得暴力要求还款。任何人不得骚扰、困扰借款人及其住所。任何人不得使用侮辱、辱骂等威胁手段危害借款人及保证人或者上述人员的家庭成员，否则构成犯罪，应根据刑法的规定判处刑罚。《放贷人法案》对暴力要求还款的行为做出了非常详细的规定，凡是在债务追讨过程中，鼓动或直接参与过激行为的个人都将受到法律的惩罚（无论是否给借款人造成人身或财产损害），由此可见新加坡打击高利贷和

暴力还款的力度及决心。高利贷一直是导致民间借贷悲剧发生的主要原因。新加坡对高利贷惩罚的措施应该得到各国的借鉴，只有对高利贷行为的构成要件和惩罚做出了明确规定，才能威慑违法者，规范放贷人和借款人的行为。

五、民间商事借贷立法应采取金融部门和政府部门共同监管的模式

绝大多数的国家都将民间借贷的监管部门定位于金融部门和政府部门相结合的金融监管模式，并且加大了地方政府的监管力度。日本将放贷人的监管权限赋予了内阁总理大臣或督导府县知事。并且还规定，为了保护资金需要者的利益，在认为有特别必要时，根据必要的程度，放贷人应在每个年度按照内阁府令的规定，做出与放贷业务相关的事业报告书，每个年度的头 3 个月内，要将报告书提交到进行注册的督导知县府。新加坡 2010 年修订的《放贷人法案》更是增强了监管者的监管权限，规定为了达到监管目的，检查放贷行为是否符合法律的规定，注册部部长或者其授权的官员可以随时检查放贷的经营场所以及与放贷行为相关的书面文件材料，可以要求放贷人提供任何与放贷行为相关的信息。放贷人应当配合注册部部长的检查，任何人阻止或者妨碍注册部部长或其授权的官员行使以上权力的，将构成犯罪。

综上所述，民间借贷的监管制度应该明确规定监管机关及其权限，这样才会避免产生民间借贷监管机关不明确、监管职责模糊不清的尴尬现象。

第四章

我国民间商事借贷立法理论基础

第一节 我国民间商事借贷立法理论基础

菲尔姆·诺思罗普就法律规范给出了科学意义上的两个标准：首先，应当对国家所颁布的实在法是否符合一个民族或者文化进行考察。只有当实在法符合一个民族的社会和法律需要并从一般意义上讲能够为其所接受和遵循时，它才有可能作为一种有效的法律制度发挥作用。其次，应当对实在法是否符合自然法原则进行考察。[①] 我们在制定一部法律之前，应首先对其建立的理论基础进行考察。理论基础对于法律的建立诚如大厦之根基，只有根基牢固，才能保障法律经受住现实的考验。

一、管理学理论基础

（一） 金融管理理论

我国目前的金融管理实行的是“一行三会”式的自上而下的中央垂直监管，这种方式的一个主要问题就是地方金融管理的欠缺，这种金融管理体制对于民间商事借贷的监管而言显得有些捉襟见肘，因此，我们应探寻符合我国现实国情的金融管理体制。在 2012 年 1 月召开的全国金融会议上，提出了对于区域性小型金融机构的监管由地方政府负责，要建立起地方性的金融监管机构，业务上可以归中国银行监督管理委员会指导，但责任在地方政府。《国民经济和社会发展第十二个五年规划纲要》提出，应当完善地方金融管理体制，强化地方政府对地方中小金融机构的风险处置责任，中央也陆续将部分金融职能交给地方政府负责。但是我国的现实情况是各地金融发展状况不均衡，对于如何构建中央与地方分层的金融管理体制迟迟未达成一致意见。

近些年来，由于民间借贷的蓬勃发展，各地政府积极参与了地方金融管理，各省市和基层县政府大部分建立了金融管理办公室作为民间借贷的监督管理机关，其承担的职能主要有：第一，制定和实施地方金融发展总体规划，采取各种措施刺激当地金融业的发展。第二，推动地方金融制度改革。第三，加强地方金融生态环境建设，防范和处置地方金融风险。第四，推动农村金融组织体系完善，吸引投资者参与创建地方村镇银行、小额贷款公司、融资性担保公司等金融机构。第五，配合、协调中央驻地方的金融管理部门加强对地方民间借贷组织的监督和管理，防范金融风险，维护地方金融稳定。[②] 但是目前我国地方金融管理体制混乱，主要体现在以下几点：第一，管理职能分散。综观我国地方政府的规定，一般规定地方政府应具有监督管理职能，其他职能部门在其职责范围内对民间借贷进行管理，但是，并没有明确规定各部门的职责范围。第

---

① 〔美〕E. 博登海默，邓正来译：《法理学：法律哲学与法律方法》，第 191 页，北京：中国政法大学出版社，1999。

② 钟海英：《我国地方金融管理体制改革研究》，《南方金融》，2013 (2)。

二，管理人才缺乏。地方政府公共管理的人才较多，而金融业的监管专业性较强，因此地方政府的人才与其职责不匹配。第三，风险监控不力。我国地方政府为了促进本地区经济发展，存在重发展、轻管理的倾向，此举不利于金融风险的监控。以上存在的金融管理体制的问题都与我国金融管理法律制度的欠缺有关，因此，需要有一部专门的法律对地方政府的监管职责与范围做出明确的规定，这样才能发挥地方政府对于民间商事借贷的监督功能。①

（二）战略管理理论

战略管理对于一个企业而言至关重要。通过精心设计的战略管理，可以有效提升企业的绩效。民间商事借贷作为我国民间金融的一部分，弥补了正规金融的不足。作为市场经济的一员，民间商事借贷的市场准入、运行和退出都对我国市场经济造成了深远的影响，因此，合格的民间商事借贷组织应当具有规范的企业战略管理理论。

战略管理是一组管理决策和行动的集合，它决定了组织的长期绩效。战略管理的过程包括八个步骤，分别是确定组织当前的使命、目标和战略，分析环境，识别机会和威胁，分析组织的资源和能力，识别优势和劣势，构造战略，实施战略，评估结果。确定组织当前的使命、目标和战略是每一个组织的使命，使命是对组织目的的陈述，使命决定了企业存在的理由。定义组织的使命会迫使管理者仔细地确定企业的产品和服务的范围。民间商事借贷作为一种营利组织，更需要根据我国法律和政策的规定，合法地确定自己的经营范围。

外部环境作为一种重要的外部约束，会对管理者的行动产生重大的影响。成功的战略都与外部环境相吻合，每一位管理者都需要对企业的内外部环境做出正确分析，才能为制定本企业的战略打下基础。我国政府对民间借贷的态度是我们民间商事借贷组织需要重点关注的外部环境，应根据外部政策环境的变化，及时调整和制定本企业的战略。在分析环境之后，企业的管理者需要对机会和威胁进行辨别后做出符合本企业的战略调整。同时要对企业内部的资源和能力进行准确估计和分析。在对企业的内外部资源优势和劣势辨别清楚之后，管理者应当意识到强势文化和劣势文化对战略具有不同的影响。文化的构成对战略的实施也起着重要的影响作用，组织文化是一个组织的性格，它反映了共享的价值观、信念以及行为规范。在对以上要素有了清楚的认识之后，就需要在公司层面、事业层面和职能层面分别制定企业的战略，制定出能够让企业具有持久竞争力的战略。战略制定之后，必须得到有效实施，一个成功的战略取决于成功的实施，不管战略制定得多么有效，如果不能成功地实施，就等于纸上谈兵。战略管理的最后一个步骤就是评估战略的结果，即对战略的有效性进行评估，决定调整事项。以上是整个战略管理的步骤，民间商事借贷组织作为营利组织，其有效运转对于我国市场经济秩序的维护至关重要，因此，民间商事借贷组织应当引进企业战略管理的理论。而我国民间商事借贷法律的制定将会为各种民间借贷组织活动的开展提供有效的法律指引，通过国家政策信号的释放，使其战略管理更符合我国市场经济的目标，促进我国经济的发展和完善。

---

① 单飞跃、吴好胜：《地方金融管理法律问题研究》，《法治研究》，2013（6）。

二、经济学理论基础

（一）金融抑制理论

美国学者麦金农1973年在其著作《经济发展中的货币与资本》中提出金融抑制理论。[①] 麦金农通过对大量发展中国家的经济状况进行调查发现，政府对金融体系的过多干预抑制了金融体系的发展，同时也阻碍了经济的发展，从而引起了金融抑制与经济落后之间的恶性循环。麦金农提到发展中国家普遍存在经济结构的分割性和金融抑制现象：第一，发展中国家经济的分割性主要表现为小型私有企业同大型公司企业的并存和农村与城市的经济分割。[②] 第二，“二元”金融体系，即国家正规金融同民间金融并存。第三，国家对金融实行严格管控，主要表现为对金融活动做出种种行政性限制、对利率和汇率实行严格管制、国家正规金融占绝对垄断地位、金融业缺乏竞争等。[③] 因此，发展中国家普遍存在着“二元”金融体系，只要国家金融抑制政策不变，就会产生国家正规金融与民间金融长期并存的现象，不能形成有效、良好的竞争机制。

在我国改革开放之前，由于实行计划经济，国家对金融体系实行严格管控。国有商业银行在行政权力的保护下形成垄断，区域性的股份制银行机构的建立受到不合理的限制，商业银行的组织体系极不合理，竞争机制缺乏，稀缺的金融资源无法得到有效配置。在国有银行出现不良资产剥离及政策性核销呆账、坏账时，国家会注资补充资本金，市场的优胜劣汰机制毫无作用。国有银行将90%的贷款放给了国有企业，衍生了大量的不良资产。

在改革开放后，民营企业迅速发展，但我国的金融抑制政策毫无改变，许多民营企业的资金需求无法在正规金融领域获得满足，因此转向民间借贷，为此促进了我国民间商事借贷市场的繁荣发展。如果我国的金融抑制政策不改变，这种“二元”金融体系将会持续存在，必将进一步危害我国民营企业的发展和金融制度的改革，进而影响我国整体经济的发展。民间金融的进一步发展符合金融体制改革进一步深化的目标，也符合我国金融市场化的理念。2013年11月召开的全国十八届三中全会提出，经济体制改革是全面深化改革的重点，核心问题是处理好政府和市场的关系，使市场在资源配置中起决定性作用以及更好地发挥政府的作用。市场决定资源配置是市场经济的一般规律，健全社会主义市场经济体制必须遵循这条规律，着力解决市场体系不完善、政府干预过多和监管不到位等问题。必须积极稳妥地从广度和深度两个层面推进市场化改革，大幅度减少政府对资源的直接配置，推动资源配置依据市场规则、市场价格、市场竞争进行，以实现效益最大化和效率最优化。同时，完善金融市场体系，扩大金融业对内对外开放，在加强监管的前提下，允许具备条件的民间资本依法设立中小型银行等金融机构。还应推进政策性金融机构改革，健全多层次资本市场体系，推进股票发行注册制改革，多渠道推动股权融资，发展并规范债券市场，提高直接融资比重。

---

① 〔美〕罗纳德·I·麦金农，李瑶、卢力平译：《经济发展中的货币与资本》，第50页，北京：中国金融出版社，2006。

② 同上书，第5页。

③ 高霞：《麦金农和肖的金融抑制与深化理论及对利率市场化的启示》，《北方经济》，2008（13）。

完善保险经济补偿机制，建立巨灾保险制度。发展普惠金融，鼓励金融创新，丰富金融市场的层次和产品。完善人民币汇率市场化形成机制，加快推进利率市场化，健全反映市场供求关系的国债收益率曲线。推动资本市场双向开放，有序提高跨境资本和金融交易可兑换程度，建立健全宏观审慎管理框架下的外债和资本流动管理体系，加快实现人民币资本项目可兑换进程。落实金融监管改革措施和标准，完善监管协调机制，界定中央和地方金融监管职责和风险处置责任。建立存款保险制度，完善金融机构市场化退出机制。加强金融基础设施建设，保障金融市场的安全高效运行和整体稳定。从以上内容可以看出，十八届三中全会的召开为我国金融制度改革的进一步深化、民间金融的阳光化提供了良好的契机。

（二） 诱致性制度变迁理论

新制度经济学中有诱致性制度变迁和强制性制度变迁。诱致性制度变迁是指现行制度安排的变更和替代，或者是新制度安排的创造，是由个人或者一群人在响应获利机会时自发倡导、组织和实行的变迁。强制性制度变迁是指由政府命令和法律引入与实行的变迁。[①] 民间商事借贷本身所具有的便利性和高利性特征，吸引人们放弃了正规金融而转向民间借贷，即民间商事借贷的兴起是微观经济主体追逐潜在利润、制度创新的结果。因此，可以说我国民间商事借贷的发展是在中国改革开放背景下产生的一种典型的制度变迁。我国目前的金融制度是在政府主导下的强制性变迁，并不完全遵循市场规律，而是强调满足国家的需求和有利于国家的宏观调控，即为渐进转轨中的经济提供足够低成本的货币供给，保证体制内经济持续、稳定地增长。

基于国家的效用满足和利益偏好，强制性金融制度变迁始终没有突破国有垄断的金融格局。这种垄断性的金融格局给我国经济带来了很大的阻碍：第一，银行资产困境。由于国有企业可凭借国家信誉取得大量贷款，给国有银行带来大量的呆账、死账，不良贷款情况普遍。但由政府对此进行干预，国有银行对这些由于政策负担产生的不良贷款可以被免去，因此，最终责任由国家承担，造成了金融资源的严重浪费。银行内部由于缺乏多元化金融产权形式竞争的市场，国有银行缺少外在的竞争压力，因此缺少改革和创新的动力，导致国有银行内部经营管理和内控制度的不健全，金融服务方式落后，效率低下。第二，民营经济的融资困境。由于国有银行的大量金融资源都流向了国有大中型企业，因此，民营企业很难从国家正规金融领域获取资金。当社会信贷需求超过了国家官方信贷供给时，大量潜在的资金需求者转向了民间借贷。金融供求结构的失衡意味着现行制度下存在巨大的潜在利益空间，从而产生了制度创新的需要，以期弥补现行金融制度的不足，满足民营企业对金融资金的需求。与此同时，我国在 20 世纪 80 年代后聚集了大量的民间资本，但因狭窄的投资渠道和银行低收益率，使得大量的民间资金也流向了民间金融领域。可见我国存在着民间资金“供需两旺”的情况。因此，在利益的趋动下，巨大的民间资金纷纷投向民间借贷领域以获取巨额利润。因此，面对现实，我们的法律应该反映经济制度的真实内容，并对以上问题做出回应。

强制性制度变迁是指政府对制度变迁的目标在理性认识的基础上，由政府通过命令和法律实现的制度变迁。与诱致性制度变迁不同，强制性制度变迁的原因除了变迁主体受潜

① 〔美〕R. H. 科斯等：《财产权利与制度变迁》，第 384 页，上海：三联书店、上海人民出版社，1994。

在利润诱致以外，还可以因为在不同集团之间对现有收入进行再分配，从政府的政治收益而产生。强制性制度变迁的主体是国家。① 诱致性制度变迁发展到一定程度，就需要国家采取强制性制度变迁。第一，制度供给是国家的基本功能之一。国家为了统治的需要和减少交易费用，需要制定一套行为规范来激励和约束国民行为。第二，制度具有公共属性，一般只能由国家产生。根据经济学的分析，政府生产公共品比私人生产公共品更有效。制度尤其是牵涉整体利益的根本制度，由国家提供的优势更为明显。

当诱致性制度变迁满足不了社会对制度的需求时，由国家实施强制性制度变迁就可以弥补制度供给的不足。民间商事借贷的发展也是一部诱致性制度变迁和强制性制度变迁相结合的历史。民间商事借贷一开始属于诱致性制度变迁，但在其发展过程中，需要国家采取强制性的手段推动其发展，避免金融风险。因此，民间商事借贷的立法将是诱致性制度变迁和强制性制度变迁共同作用的结果。

（三） 社会成本理论

运用经济学中的交易成本理论对于分析民间商事借贷立法同样具有重要的意义。1960年10月，科斯在《法律与经济杂志》上发表了名为《社会成本问题》的文章，通过运用交易成本理论对社会上各种商业行为对他人的损害进行分析，并指出任何成本问题都具有相互性。② 民间商事借贷作为一种商事行为，同样具有一定的社会成本，因此，我们分析不同情况下民间商事借贷的社会成本对于民间商事借贷的立法具有一定的裨益。

1. 国家层面上民间商事借贷的金融收益与成本

事实证明，民间金融对我国民营经济的发展起到了促进作用，对于缓解中小企业“融资难、融资贵”的问题和“三农”事业的发展功不可没。但是由于民间商事借贷本身所具有的风险性、法律法规的不健全和人们的趋利心理，导致其风险巨大，如果监管不力，将会对我国的金融体系构成威胁，直接影响我国宏观调控的效果，甚至给我国的经济、社会秩序造成严重的危害。比如发生在温州的“高利贷崩盘”，导致破产企业老板纷纷“跑路”，一些债权人的利益无法受到有效保护，引发了一些暴力要求还款的行为，严重损害了当地的经济秩序和社会稳定。因此，对于民间商事借贷立法的社会成本问题可以分析如下：

第一，在民间商事借贷正常进行，未发生金融危机的情况下，民间商事借贷平稳进行，并无高利贷现象发生，且民间借贷金融机构按照法律法规的规定经营业务，并未从事洗钱、非法集资、吸收公众存款等非法行为，不会对我国的金融制度构成威胁，亦不会对我国的经济秩序造成危害。此时，民间商事借贷作为我国正规金融的有效补充，对于整个社会经济的贡献大于其对社会的危害。从经济学的社会成本理论进行分析，其社会贡献大于社会危害，国家应当允许其存在。

第二，在民间商事借贷发生金融风险的情况下，民间商事借贷由于其隐蔽性、高利性和无组织性等特征，缺少相应的法律对其进行规制，因此容易发生高利贷、非法集资和经营洗钱等危害我国金融秩序的行为。这时，其不仅扰乱了我国正常的金融秩序，而且侵害了人们的财产权益和人身权益，对我国的社会秩序稳定造成了危害。因此，一旦民间商事借贷爆发危机，则其社会成本将大于社会收益。根据庇古在《福利经济学》中提到的，应

---

① 吴光炳主编：《转型经济学》，第53页，北京：北京大学出版社，2008。

② R. H. Coase，*The Problem of Social Cost*，3j. LAW ECON，1960，pp. 1－44.

付此种社会成本，宜采取征收“庇古税”和“双方进行协商”的方式解决。而我国并没有“庇古税”，也没有采取国家和民间商事借贷机构进行协商的方式处理这一问题，而是采取了直接取缔的方式。比如我国现行法律并不承认企业间借贷合同的效力，借贷双方的利益也无法通过法律进行有效的保护。但在现实生活中，由于我国正规的金融制度无法有效补给民营企业、中小企业和“三农”事业的发展，民间商事借贷需求旺盛，导致民间商事借贷在我国现实生活中“野火烧不尽，春风吹又生”。如果国家把民间商事借贷的社会风险问题对人们进行说明，在人们了解了民间商事借贷发生金融风险的社会成本问题之后，可能会影响其选择。我们只有承认民间商事借贷市场有大量需求的现实后，才能更好地解决民间借贷问题。

2. 民间商事借贷经营者层面上的金融收益与成本

对于民间商事借贷机构来讲，其收益主要是利息。如果利息收益大于其放贷风险，则其权益获得保障；如果利息收益小于放贷风险且风险实际发生，则其权益受到损害。在现实生活中，借款者往往处于弱势地位，放贷人往往利用其优势地位获取非法利益，因此从民间商事借贷经营者层面上分析如何引导民间商事借贷的发展至关重要：第一，未发生金融风险时民间商事借贷经营者的金融收益与成本。民间商事借贷顺利进行时，借款人获得借款顺利发展生产，贷款人通过贷款获得利息收益，二者利益皆得到保护，不会发生任何纠纷。此时只会造成国家的正规金融的业务分流，其利息受到一部分损失，但不会对国家的政治和经济秩序造成损害，因此，国家对民间商事借贷的发生不予干涉和打击。第二，发生金融风险时的民间商事借贷经营者的金融收益与成本。当贷款人采用非法手段进行放贷，引起金融危机时，借款人因不堪高利息导致资金链断裂，可能引发破产“跑路”等危机。贷款人放出的贷款无法收回，其财产利益受损。因此产生了非法拘禁、故意伤人、自杀等悲剧。此时民间商事借贷产生了负外部性，即负的社会成本，国家开始采取手段对此进行干预，防范金融风险。

通过市场交易成本理论进行分析，可以看出只有将民间商事借贷的风险控制在一定范围之内，其负外部性才不会显现。在民间商事借贷的法律制度设计中引起交易成本理论，可以为民间商事借贷的立法奠定经济学基础。采取国家统一法律进行事先规制，而不是采取事后兜底的办法，在承认民间商事借贷合法的基础上，通过法律手段对其市场主体准入、市场活动运行和风险管控等方面进行规定，可以降低其负外部性，引导其朝着为国民经济发展提供金融支持的方向发展。

三、法学理论基础

马克思认为，法的关系正像国家的形式一样，既不能从它们本身来理解，也不能从所谓人类精神的一般发展来理解，相反，它们根源于物质的生活关系。尤其是对作为以法律形式表现了社会的经济生活条件准则的民商法的一项制度进行研究，更应如此。

（一）宪法保护公民私人财产权的原则

《中华人民共和国宪法》第十三条规定，公民的合法的私有财产不受侵犯。国家依照法律规定保护公民的私有财产权和继承权。财产权在社会中发挥着重要的作用。只要人们在一定情况下主张自己有权控制某种过程、人或物，而这种权利主张又能获得某种制度性支持，这时便有了财产权。[1] 经济学家对财产权做出了如下解释：财产权之所以具有正当性，正是因为它们有助于维护基本经济的连续性。统计学家对财产权的正当性则做出了另外一番解释：认为财产权之所以具有正当性，乃是因为它们有利于不同的受国家支配的群体认可国家的合法性。如果是一个大的群体，不论它是否处于优势地位，只要它认为国家支持的财产制度与其利益相冲突，那么这样的群体就不会拥护这样的国家，除非国家修改它的制度。另外，一种关于私有财产正当性与重要性的说法是，如果剥夺私人的生产性财产，将不得不牺牲有关人性的一些重要东西。这种学说的内容之一是自由主义观点，即除非对财产权进行合法的保护，否则人的自由将被剥夺。它的另一项内容是自我实现，即如果离开了财产权，那么人们在努力实现自己的本质作用上将会受挫，而这种本质会使人们保持企业家的进取心。[2] 我国的自然法学派也持此观点，私有权神圣原则是“自由”观念的直接延伸。自然法学派认为，人生来就有自由、财产安全和反抗压迫的权利。财产安全是个人自由的直接基础或重要内容，所以个人自由必须要求个人财产的安全，而真正的财产安全是维护个人所有权。适合国家的财产制度被广泛传播之后，便具有了效用，还可以令基本经济得以延续。

私有财产权是人的神圣不可侵犯的基本权利之一，1789 年法国的《人权宣言》中提到：在权利方面，人们生来是并始终是自由平等的。任何政治结合的目的都在于保存人的自然和不可动摇的权利。这些权利就是自由、财产、安全和反抗压迫。因此保护私有财产权就成为各国宪法的重要内容。财产是实现自由的保障，对财产的保护也是对人的价值的肯定和保护。个人要求自治，财产将是其最坚实的物质基础，若财产失去了宪法保护，或者宪法保护财产权在实践中成为一纸空文，个人对财产则失去了排他性的支配权，私有财产成为人人皆可得的物品，则自由也失去了其旺盛的生命力。英国著名的政治哲学家洛克在《政府论》中阐述了其政治观点：“政府的主要职责是保护私有财产，没有财产权就没有公正。”[3] 所以，财产权、生命权和自由权是人的基本权利，财产权是生命权和自由权的自然延伸，是绝对神圣的，应受到宪法和法律的保护。目前我国对民间商事借贷的态度有逐步放开的趋势，并放宽了民间资金的投资渠道。2005 年国务院发布了《关于鼓励支持和引导个体私营等非公有制经济发展的若干意见》，2010 年国务院发布了《关于鼓励和引导民间投资健康发展的若干意见》，国务院各部委以及各个地方政府陆续出台了一系列文件引导民间金融的发展。2013 年 7 月，国务院发布了《关于金融支持经济结构调整和转型升级的指导意见》，进一步扩大了民间资本进入金融业的范围。因此可见，我国正逐步尊重民间资本的投资取向。这也证明了我国进一步加大了对公民私有财产的保护力度。

（二） 民法的私有权神圣原则和民事主体平等原则

民间商事借贷古已有之，是私有制发展到一定阶段的产物，对此前文在关于民间商事借贷的历史发展部分有详尽的阐释，在此不再赘述。首先，就现代立法而言，保护合法财产权已经成为各国立法的一般原则，这一原则不仅在宪法中得到了体现，而且在民法等私法中表现得更为充分。《法国民法典》第五百四十四条规定，所有权是对于物有绝对无限

---

① 〔美〕阿兰·S·罗森鲍姆编，郑戈、刘茂林译：《宪政的哲学之维》，第 225—226 页，北京：三联书店，2001。

② Ernest Barker, *Principles of Social and Political Theory*, Oxford: Oxford University Press, 1951, p. 158.

③ 〔英〕洛克著，关文运译：《人类理解论》，第 540 页，北京：商务印书馆，1959。

制地使用、收益及处分的权利，但法令所禁止的使用不在此限。如《中华人民共和国民法通则》第七十一条规定，财产所有权是指所有人依法对自己的财产享有占有、使用、收益和处分的权利。第九十条规定，合法的借贷关系受法律保护。依此理解，只要是财产所有人，不管是自然人还是其他财产权主体，都依法享有自主支配财产（包括借贷）的权利。其次，私法权利规定“法不禁止即可行”。从目前我国有关法律看，对于民间借贷的禁止性规定其实并不多，我们应该以宽容的态度支持民间借贷在更大的空间发展。最后，物尽其用是市场经济的基本要求，也是“良法”的表征之一。一部好的法律应该促进社会资源的充分利用，增进社会财富和福利。法律保障下的民间借贷充分发展，有利于实现社会资源配置的帕累托最优，实际上正是这一法律价值的最好体现。总之，民间借贷在法理上不仅是合理的，而且体现了私权自治的法治精神。①

平等是民法产生与发展的前提。《法国民法典》第八条规定，所有法国人都享有民事权利。1907 年的《瑞士民法典》第十一条规定，人都有权利能力；在法律范围内，人都有平等的权利能力及义务能力。《中华人民共和国民法通则》第三条规定“当事人在民事活动中的地位平等”，同样把平等原则视为我国民法的基本原则。美国学者迈克尔·D·贝勒斯（Michael D. Bayles）指出，平等要求将所有人视为相等来对待（treatment as an equal），而不是视为平等来对待（equal treatment），这是平等的价值。如果有充分的理由对人们实行不同待遇，那么平等分配也违反了平等和公平的原则。② 奥塔·魏因贝格尔（Ota Weinberger）也曾指出：“仅仅从形式上的考虑为基础的正义理论是站不住脚的，这样一种理论还必须把实质性的正义理想考虑在内。”③ 我国民间商事借贷作为一种私法行为，理应遵循民法领域中的私权神圣原则和平等原则，但由于借贷双方的经济实力不同，在民间商事借贷的立法中要注重协调借贷双方当事人的利益，因此要对弱小借款者的利益做出倾斜保护，追求民法中的实质平等。

（三）商法保障营利的理念

法律只有从它的理念出发，才能被很好地理解。法律理念是法的最高应然状态，应包括“作为平等原则的正义”“法的合目的性”“法的安定性”三个层面的内容。④ 我国的商法理念是关于商法的内在本质与客观规律的理性认识、总体看法和根本观念，是有关商法在调整商事生活实践中所应达到的终极目标及其实现途径的一种理想、信念和追求。⑤ 商法理念贯穿于一国商法的立法、司法和商事实践活动之中，是指引商事立法和商事司法活动的最高原理和根本准则。我国的民间商事借贷行为作为一种商事行为，在进行立法时也应遵循商法理念，在商法理念指导下的民间商事借贷立法才能顺利地进行、存续和发展。

1. 商法的营利为本理念

“营利为本”是商法的核心理念，也是其区别于其他部门法的特殊性所在。商法的营利理念是指商事活动的开展以追求营利为目标。在判断一项行为是否为营利时要注意其预

---

① 中国人民银行邯郸市中心支行课题组：《民间借贷立法原则探析——兼论民间借贷的法律边界》，《河北金融》，2013（3）。

② 〔美〕迈克尔·D·贝勒斯著，张文显等译：《法律的原则》，第 11 页，北京：中国大百科全书出版社，1996。

③ 〔英〕麦考密克、〔奥〕魏因贝格尔著，周叶谦译：《制度法论》，第 257 页，北京：中国政法大学出版社，1994。

④ 〔德〕G. 拉德布鲁赫，王朴译：《法哲学》，第 73—76 页，北京：法律出版社，2005。

⑤ 雷兴虎、李长兵：《商法理念及其在商事立法和司法中的适用》，《甘肃社会科学》，2013（2）。

期获得收益是否超过了其成本。商法营利为本的理念使得商法具有自身独特的价值追求，“商人逐利的本质会促使他们想方设法实现利润的最大化”①。我国民间商事借贷是传统民间民事借贷发展的高级阶段，其放贷行为以营利为目的，因此，在其立法中也要贯彻商法的营利为本的理念。

2. 商人自治的理念

拉德布鲁赫曾言：“只要不与强制性法律相悖，商人就可以依据自身力量和需要，用约定的交易条款形式设定他们的法律关系。”② 商人是其自身利益的最佳判断者和实践者，作为一种私法行为，同样需要商人自治理念的指导。但由于大量的商事行为与我国的宏观经济调控相关，因此在商事规范中存在大量政府干预与指导的行为，但不能因此否定商法的私法属性。在商事立法中要保障商人的从商自由和经营自主，保障商人的市场准入、经营活动的开展、交易对象和交易方式的选择都遵循商人自治的理念，这样才能发挥商人从商的主观能动性，真正发挥市场经济的效应。任何商事法律规范，即便是具有强制性或禁止性的法律规范都以商人自由、自主和自愿开展商事活动作为适用的前提，没有商人开展活动，任何商事法律规范均无适用的可能，因此，商人的从商自由和契约自由是商事立法活动中最重要的立法准则。我国商事法律规范应当强调商法的私法性，减少商法的公法性规定，使商事法律规范符合商人和商事活动的需要。

3. 商法的风险防范理念

商事活动总是与风险相伴，尤其在市场经济条件下，商人的趋利性使得其在高利润的诱惑下不顾国家、集体和他人的利益。随着社会的发展，由于内生于现代社会的各种制度性和系统性风险正呈现出一种不可遏制的全球化趋势，某种意义上的现代社会已经成为一个“风险社会”。③ 商事交易中的信息不对称和不完全加剧了商事活动的风险性，因此，在商事立法中应注意风险的防范要求。综观各国商法制度中，商事主体的法定原则、公示公信原则和外观主义的运用皆是防范商事交易风险的制度设计，在商事立法中要注意贯彻风险防范理念的运用。民间商事借贷是一国金融制度的一部分，风险难以防控，在其将来的立法中更应注意风险防范相关法律规范的制定，加强对资金交易活动的监管。

4. 商法的崇商重企理念

无论是在中世纪的欧洲还是在我国的古代，商文化和商人阶层都受到社会的鄙视，其地位极其低下。我国实行的“重农抑商”政策也压抑了商法的发展。但在现代市场经济条件下，随着经济的飞速发展，人们逐渐认识到了商事活动的重要性，逐步注重对商人利益的保护。在北京召开的“中国发展高层论坛 2012 年年会”中，招商局集团董事长傅育宁说道，我国中小企业在中国提供了 75%的就业机会，经济总值占到了 GDP 的 65%，却只获得了银行 40%的授信贷款。④ 因此，中小企业的融资问题便成了困扰其发展的重要因素。现代商法崇商重企的理念要求商事法律规范的建立必须以崇尚商业、保护企业的利益

① 李平：《商法理论基点建设与理论体系建构问题探讨》，《商法基础理论问题研究》，第 7 页，四川：四川大学出版社，2006。

② 〔德〕G. 拉德布鲁赫，米健译：《法学导论》，第 75 页，北京：中国大百科全书出版社，1997。

③ 〔德〕乌尔里希·贝克，何博闻译：《风险社会》，第 6 页，南京：译林出版社，2004。

④ 傅育宁：《中小企业贡献 65%的 GDP 只获得 40%贷款授信》，见 http://finance.ifeng.com/news/special/zgfzlt_2012/20120317/5764772.shtml，2014-01-09。

为重。我国民间商事借贷立法后，其将与我国正规金融一同成为我国金融制度的组成部分，成为正规金融的有效补充。中小企业“融资难、融资贵”的难题也将破解，我国中小企业的利益将得到有效保护。

第二节　我国民间商事借贷立法的必要性、可行性与现实意义

一、民间商事借贷立法的必要性

（一）民间商事借贷立法为社会转型期应对市场经济之需

改革开放以来，我国经济体制转型，私营和个体经济活力逐步得到释放，民间财富不断积累和强盛，民间金融成为一个巨大的蓄水池。在市场经济条件下，民营企业已经成为推动我国经济发展和社会进步的重要力量。据统计，早在2001年底，我国民间金融资产就已经超过了国有资产，但是民间资产的投资渠道少，大量民间资本闲置或低效配置，在市场准入方面、税负方面和法律保障方面等存在各种限制与不平等。[①] 2010年5月7日出台的《国务院关于鼓励和引导民间投资健康发展的若干意见》，鼓励和引导民间投资的健康发展。[②] 要求进一步拓宽民间投资的领域和范围，鼓励和引导民间资本进入法律法规未明确禁止准入的行业和领域。规范设置投资准入门槛，创造公平竞争、平等准入的市场环境。市场准入标准和优惠扶持政策要公开透明，对各类投资主体同等对待，不得单对民间资本设置附加条件。该政策不仅鼓励民间资本进入国家基础设施建设，更重要的是提到了鼓励民间资本进入金融服务领域，允许民间资本建立金融机构。其实民间资本建立的金融机构在我国早已存在，但因法律与政策的不支持，其一直处于“地下状态”，此次文件的出台说明了国家要求民间借贷活动浮出水面，更有利于国家对民间借贷活动的监管。据统计，从1986年开始，农村民间借贷的规模就早已超过了正规金融的规模，以每年19%的速度增长。在一些经济发达的沿海地区，民间借贷的数额更是巨大，虽然有2011年温州“老板跑路”，2012年江苏泗洪“宝马乡”的没落，一直到2013年陕西神木“神话”的消失，民间借贷因其“名不正，言不顺”的先天缺憾而爆发各种弊端，但不得不承认民间借贷的发展也促进了我国民营经济的繁荣，尤其在我国政策性金融支持力度不够的情况下，对“三农”的发展起到了至关重要的作用。2003年，农村固定资产投资资金的84%靠自有资金和民间借贷资金，仅有8%的投资资金来自正规金融部门的贷款。[③]

由于民间商事借贷活动缺乏正规法律规范来调整，使其长期游离于国家的监管之外，出现了高利贷、非法集资和暴力要求还款等非法行为，严重影响了我国金融秩序的稳定和社会和谐。究其原因，非法集资是现有货币市场和资本市场狭小、行政垄断的必然结果。

---

① 李直、朱忠明：《中国小额贷款公司实践与发展》，第43页，北京：中国发展出版社，2013。

② 参见《国务院关于鼓励和引导民间投资健康发展的若干意见》，2010年5月7日，国发〔2010〕13号。

③ 唐颖：《非对称信息理论与农村信贷市场——兼谈泰国BAAC的经验》，《金融理论与实践》，2006（8）。

金融市场既不能满足投资者的投资需求，也无法满足融资者的资金需求，资金的供求双方只能自己创造市场，在法律之外从事投资、融资活动。另外，目前我国中小企业融资需求大，而正规金融资金却大部分流向了国企、央企等大企业，小企业苦于寻求贷款无门，只能转向民间借贷。但是，目前我国民间商事借贷始终没有完全合法化，"只堵不疏"的方法难以解决我国金融体系存在的难题。因此，我国政府机构应当适时转变思维方式，客观区分并理性分析民间商事借贷的性质，采取以疏为主、以堵为辅、疏堵结合的综合治理方法，以规范和引导民间借贷。可见，针对民间商事借贷采取专门立法的方式，不仅可以满足投资者的投资需求，还可以解决"三农"和中小企业借款难的困境，满足我国市场经济发展的需要。

（二） 民间商事借贷立法为社会转型期民商立法之需

所谓社会转型是指在"长时段""连续性"的社会变迁背景下出现的"过渡、转换、混乱与再生的社会变迁时期"，人类社会由蒙昧走向野蛮再迈向文明的过程中，交织着远古社会到古代奴隶社会、古代封建社会再到近现代文明社会的三次社会转型。[①] 其中这种"过渡、转换、混乱与再生的社会变迁时期"并非偶然出现，其在客观上表现为社会的物质需要和经济的发展需要，在主观上表现为代表着客观生产力发展方向的体制外异己力量、体制外权利中心和体制外意识形态的综合推动。因此，制度变迁是社会转型的内在要求和必然结果，也是社会转型的外在特征。

第一次社会转型为远古社会向古代奴隶社会转型。在这一历史时期，私有制产生，阶级出现，于是商品交换得以产生，出现了一批以营利为目的的商人。在他们的推动下，商业作为一种专业化、规范化和职能化的职业产生了，于是开始出现了调整商事交易关系的法律。第二次社会转型为古代奴隶社会向古代封建社会转型。商事关系在这一时期的作用逐渐凸显。"天下熙熙皆为利来，天下攘攘皆为利往"就是我国春秋时期商事交易关系的生动写照。但因为我国传统社会实行"大道将行，天下为公"的国家治理理念，因此出现了"重农抑商"和"重公轻私"的政策，商人的独立地位和商事交易关系的发展受到了国家抑制。第三次社会转型为古代封建社会向近现代文明社会的转型。这一时期的社会转型，商法依然受到国家传统文化理念的束缚，以至于抑制了商业的繁荣，1904 年《大清商律》的颁布也因我国清朝末期经济基础的动摇、商人阶层的不独立而"昙花一现"，瞬间消失。

新中国成立后，尤其改革开放以来，我们迎来了商法发展的春天。国家开始重视商业的发展。2013 年 11 月召开的党的十八届三中全会提出，公有制经济和非公有制经济都是社会主义市场经济的重要组成部分，都是我国经济社会发展的重要基础。现代社会商业的繁荣发展决定了商事法律制度的立法需求强劲。因此可见，我国商事法律制度起源于社会转型，成长和成型于社会转型，并且完善的商事法律制度也推动了我国社会转型的完成。民间商事借贷法律制度的制定不仅反映了我国现阶段社会发展的经济需求，而且也能促进和完善我国社会转型的变迁。

---

① 参见张延玲等：《世界通史》，全七卷，海南：南方出版社，2000。

二、民间商事借贷立法的可行性

（一） 国家政策支持

央行在 2008 年 8 月 15 日发布了《二季度货币政策执行报告》，对政府机构关于民间金融合法化问题进行了研究，央行正式提出建议：加快我国有关非吸收存款类放贷人的立法进程，适时推出《放贷人条例》，给民间金融合法性地位。2013 年 11 月，党的十八届三中全会报告中也提到了要扩大金融对内、对外开放，在加强监管的前提下，允许具备条件的民间资本依法发起设立中小型银行等金融机构；推进政策性金融机构改革；健全多层次资本市场体系，推进股票发行注册制改革，多渠道推动股权融资，发展并规范债券市场，提高直接融资比重；完善保险经济补偿机制，建立巨灾保险制度；发展普惠金融；鼓励金融创新，丰富金融市场层次和产品；建立多层次资本市场，加强金融监管。以上这些都为民间商事借贷的立法提供了政策支持。中国人民银行在深入调查研究、总结实践经验、广泛听取各方面意见，并借鉴其他国家和地区经验的基础上，起草了《非存款类放贷组织条例（征求意见稿）》，并于 2015 年 8 月 12 日公布，这表明了我国针对民间商事借贷立法的决心。

（二） 法学理论和专家学者的支撑

随着现代金融业的发展，无论是发达国家（地区）还是发展中国家，在银行业金融机构之外，基本上都允许放债人进行专业的放债活动。[①]《放贷人条例》的出台有利于打破银行信贷垄断，使民间借贷阳光化和规范化。民间借贷的主要对象为中小企业和农民，风险不易监控，容易引发多种不稳定因素和纠纷案件。《放贷人条例》的出台，可以引导民间借贷阳光化，使之在法律规范、公开监督的情况下开展放贷业务，堵住非法资金渠道，打破由银行金融机构长期垄断金融市场的单一格局，有利于促进多种形式下的信贷市场的发展，也有利于民营企业多元化的经济发展。[②] 其他国家和地区的优秀民间商事借贷立法经验也为我国民间商事借贷立法的发展提供了制度上的支持和借鉴。

中国自清末民初就开始比较法的研究，很多法律都是借鉴外国法，民法尤其如此。比较法研究对进行民法研究非常重要，中国的法制还不完善，需要借鉴西方发达国家先进的法律制度以完成法制化进程，所以比较法研究仍是我国法学研究的主流。[③] 诚如波普尔所言，没有一种理论是绝对真理，没有任何一种法律文化可以对所有的问题提供最优的解决方案。任何法律文化都有它的局限性，任何法律文化都是能够被不断理解、不断追问、不断超越的。在面对多元的价值和多元的法律文化的时候，希望大家能够保持开放的心态，理性选择而非固执己见。正是在此意义上，罗素曾说过：世界是参差百态的。

19 世纪，梅因曾说道："然而，有资格的法学家们普遍承认，推动立法和法律的实际改善，即使不是比较法的唯一任务，也是它的主要任务。"茨威格特和科茨说："全世界的

---

① 刘慧兰：《关于完善我国民间借贷法律体系的思考》，《金融发展评论》，2010（4）。

② 黄绍红：《论民间借贷的规范化发展》，华中科技大学 2010 年硕士学位论文。

③ 《比较法学与青年法学研究论坛》，《研究生法学》，2011（3）。

立法者已经发现，在很多问题上，如果没有比较法的帮助，就不可能产生好的法律。”[①] 繁荣社会主义法学，需要做很多工作，其中一个很重要的问题就是要进一步解放思想，加强对外国法学、比较法学的研究。[②]

综观世界上其他国家的立法可以发现，无论是发达国家还是发展中国家都有《放贷人条例》制定的先例。在发达国家的美国，其具有高度发达的金融市场和金融中介，但是在一定历史阶段仍然存在民间借贷的现象，并且这种现象长期存在，且在实行判例法的美国，也针对其民间借贷的高利贷行为专门制定了《反高利贷法》；在亚、非、拉等发展中国家，民间借贷更是繁荣发展，这可能与这些国家或地区的经济二元结构及金融二元结构有着较强的联系。在我国台湾地区，其民间借贷的立法更是完善，在很早的时期就制定了有关民间借贷的“法律”，对于台湾的中小企业来讲，制度外的金融是一个无法替代的资金筹措来源，且并没有因为我国台湾地区已经跻身新兴工业化经济体而消失。我国台湾地区的合会制度的规定值得我们借鉴和学习。

三、民间商事借贷立法的现实意义

（一） 民间商事借贷立法与《民法典》的统一与完善之意义

民间商事借贷立法能够加快我国《民法典》和《商事通则》制定的步伐。关于我国商事立法的模式，主要有以下四种：民法典模式、民商法典模式、民商法律总纲模式和商法典模式四种。

1. 民法典模式

即主张民商合一论，在我国制定一部《民法典》，不再另行制定《商法典》，商事法律作为民法的特别法存在。[③] 其实质是将民事生活和整个市场适用的规则集中规定在《民法典》中，将适用于局部市场或个别市场的规则规定在民事特别法中。[④]

2. 民商法典模式

即主张在我国民商合一的国情下，应当制定一部《民商法典》，其理论基础在于民法与商法无法分割，民离商缺其生命，商离民缺其根本。在世界各国虽然均没有《民商法典》的立法经验，但我们应当根据我国的基本国情建立有中国特色的《民商法典》。[⑤]

3. 民商法律总纲模式

即主张在中国不必制定法典，而应根据中国现实制定民商法律总纲，以此为基础统领民商各单行法律，建立以民商法律总纲为统帅，以民商各单行法律为骨干的民商法律体系。[⑥]

4. 商法典模式

即认为我国应该采取民商分立的二元立法模式，在制定《民法典》之后应该再另行制

① 〔英〕乔纳森·希尔著，周昭益译：《比较法、法律改革和法学理论》，《环球法律评论》，1990 (4)。
② 马克昌：《加强对外国法学、比较法学的研究》，《中国法学》，1992 (4)。
③ 覃有土：《商法学》，第 23 页，北京：高等教育出版社，2004。
④ 王利明：《中国民法典的体系》，《现代法学》，2001 (4)。
⑤ 王明锁：《论中国民商立法及其模式选择》，《法律科学》，1999 (4)。
⑥ 佘能斌、余立力：《制定“民商法律总纲”完善民商法律体系》，《武汉大学学报》（社会科学版），2002 (6)。

定《商法典》。基于商法作为一个独立的法律部门已无异议，且从当今世界商事立法的趋势来看，实行民商分立是大势所趋，一些发达的资本主义国家采取的立法大部分为民商分立模式。①

上述四种模式均有其道理，但我国实行的社会主义市场经济不同于任何国家的市场经济，而法律作为上层建筑理应为市场经济服务，那么我国在考虑商事立法的模式时应注重我国的基本国情。笔者赞成《商事通则》和商事单行法并存的商事立法模式，即建立一部类似于《中华人民共和国民法通则》的法律来统领我国颁布的各种商事单行法律，使我国商法体系进一步自我完善与发展。② 民间商事借贷的立法可以为《商事通则》的建立提供更充足的证明条件，民间商事借贷的立法也可以将其与民间民事借贷相区分，更有利于体现商法的独特性，加强商法学者对商法理论的研究，促成我国商事立法的制定。

（二） 民间商事借贷立法与民商法的理论发展之意义

罗马法作为最初调整商品经济的法律，其中包含了很多商法规范，但因为当时并没有独立商人阶层的出现，因此，商法规范并未独立于民法规范。商品经济关系仅仅作为民事关系的附庸而存在，并且在罗马时代后期，人们在价值观念上歧视商人的存在，因此导致商人数量急剧下降。在中世纪前期的欧洲，已经出现了一批有影响力的商人，但商品交换并未呈现规模化，因此商人阶层还未出现。③ 但与此同时，十字军东征所传播的商法精神和欧洲内部社会结构的变迁还是促成了商人阶层的出现。④ 在商业发展的刺激下，很多庄园的农民开始舍弃庄园生活，转向了商业经营。从此，商法以其独特的区别于传统民事法律的特征出现，并且传统的法律已不足以调整商事交易的发展，因此专门调整商事交易的法律开始独立出现，二者之间呈现出相辅相成之关系。

商业发展和商人阶层的出现促使商事法律日益发展与完善，商事法律的发展与完善也更好地促进了商业的发展。因此，商法的产生顺应了商事活动的需要，促进了商事活动的不断发展，但在某种程度上也侵犯了传统民事活动的范畴，传统的民事活动开始带有商事化色彩。

正如民法学者所认为的，传统民法一直遵循人格平等、私有权神圣、意思自治、过错责任这四大原则，它们体现于传统民法的全部规范之中，因而成为传统民法的基本原则。⑤以传统四大基本原则为基础的近代民法对人类文明做出了巨大的贡献，它保障个人平等、维护个人财产、刺激自由竞争、鼓励个人负责精神。

但随着资本主义的发展，传统民法的基本原则越来越显露其某些不适应性，如果继续贯彻上述原则只会引发更多的问题。于是，现代各国民法都纷纷对传统民法的基本原则予以适当的修正或限制，其主要方向：从极端尊重个人自由转向兼顾社会公共福利或社会公正，比如契约自由受到了一定的限制，在过失责任之外出现了无过错责任等。究其原因可以发现，商事活动的发展和实质商法理念的传播对传统民事活动所造成的巨大冲击和影响，是传统民法基本原则无法适应社会生活并亟须做出相应修正的一个极为重要的原因。从这个意义上讲，现代民法对传统民法基本原则的修正，正是商事活动发展和实质商法理

① 范健、王建文：《商法论》，第 211 页，北京：高等教育出版社，2003。

② 雷兴虎：《〈商事通则〉：中国商事立法的基本形式》，《湖南社会科学》，2004（6）。

③ 赵立行：《商人阶层的形成与西欧社会转型》，第 21 页，北京：中国社会科学出版社，2004。

④ 〔法〕克洛德·商波著，刘庆余译：《商法》，第 6 页，北京：商务印书馆，1998。

⑤ 龙卫球：《民法总论》，第 54 页，北京：中国法制出版社，2002。

念传播的结果。实质商法在一定范围内征服了传统民法，绝对不能因为传统民法吸收了实质商法的理念并在法律规范上做出了修正，就否定商法的独立性。

民间商事借贷的立法丰富了我国商事单行法的发展，其集合民法与商法的法学理论于一体，在促进商法独立性的情况下，也能发展民法的理论。

（三） 民间商事借贷立法与促进我国金融改革之意义

20 世纪 70 年代初，美国的经济学家爱德华·肖和罗纳德·I·麦金农以广大发展中国家为样本，提出了“金融抑制与金融深化”理论，以此解释经济发展与金融之间的关系。金融抑制的主要内容是发展中国家的政府对金融行业存在较多的行政管制、利率管制、信贷管制等。金融深化的主要内容是改革国家的金融制度，放松金融管制，减少行政干预，让金融体系充分发挥其有效配置资金的作用。

由于在计划经济时期，我国为了更好地宏观调控经济发展，对金融实行了严格的管控制度，导致金融抑制现象严重。因此，正规金融的资金大都流向了国企、央企等公有制企业。而当时的国家政策倡导农业反哺工业，导致农业金融服务严重不足，因此，客观上必然出现新的渠道来满足农业和中小企业被抑制的金融需求，于是民间商事借贷的发展如火如荼。温铁军选取了我国中、东、西部的 15 个城市进行调查，发现民间借贷的发生率在 95%，而事实证明，民间商事借贷的存在确实解决了“三农”问题和中小企业的融资问题，这些企业甚至在某种程度上已经形成了对民间借贷路径的依赖。[①] 在党的十八届三中全会报告中，关于完善金融体系提到了要扩大金融业对内对外开放，在加强监管的前提下，允许具备条件的民间资本依法发起设立中小型银行等金融机构。健全多层次的资本市场，完善人民币汇率市场化形成机制，加快推进利率市场化，健全反映市场供求关系的国债收益率曲线。通过对我国民间商事借贷进行立法，可以加快我国金融体制改革的步伐。

（四） 民间商事借贷立法与社会和谐稳定之意义

游走于法律边缘的民间商事借贷是在我国社会转型时期经济发展不可或缺的力量，其既解决了“三农”和中小企业融资难的问题，又促进了我国金融体制的改革，但是也不能忽视其带来的巨大风险。民间商事借贷具有的交易隐蔽性、监管不明确性以及风险不易控性等特征，使得国家监管部门不能及时发现其风险隐患。

首先，民间商事借贷利率不容易控制，容易发生高利贷现象，影响社会的稳定。我国民间商事借贷利率畸高。关于民间借贷的利息，我国现行法规定，民间借贷的利率可以适当高于银行的利率，但是最高不得超过银行同类贷款利率的 4 倍。[②] 目前 4 倍的同期银行贷款基准利率已改为超过 36%年利率的利息无效。[③] 但在现实生活中，通过对具体民间借

① 黄卫红：《中国农村融资问题与金融抑制、金融深化关系研究》，《农村经济》，2006 (5)。

② 最高人民法院《关于人民法院审理借贷案件的若干意见》（民发［1991］21 号）第六条规定，民间借贷的利率可以适当高于银行的利率，各地人民法院可根据本地区的实际情况具体掌握，但最高不得超过银行同类贷款利率的 4 倍（包含利率本数）。超过此限度的，超出部分的利息不予保护。第七条规定，出借人不得将利息进入本金谋取高利。

③《最高人民法院关于审理民间借贷案件适用法律若干问题的规定》第二十六条规定，借贷双方约定的利率未超过年利率 24%，出借人请求借款人按照约定的利率支付利息的，人民法院应予支持。借贷双方约定的利率超过年利率 36%，超过部分的利息约定无效。借款人请求出借人返还已支付的超过年利率 36%部分的利息的，人民法院应予支持。

贷案件的审理可发现，其交易方式极其隐蔽，利息计入本金重新计算利息以及利息提前扣除等现象非常普遍，加大了法院的审理难度。高利贷导致了中小企业资金链断裂、“老板跑路”等现象出现，并且引发了暴力要求还款等非法行为，严重影响了当地的社会稳定。

其次，民间商事借贷“地下机构”众多，其活动不受监管，不利于国家对金融秩序的宏观调控。由于民间商事借贷的非正规性，因此各地出现了很多“地下钱庄”等机构，另外一些典当行和小额贷款公司也在进行融资贷款等金融业务的活动。我国法律规定，任何单位和个人未经中国人民银行依法批准，不得擅自设立金融机构或者擅自从事金融业务活动。非法的金融机构和金融业务活动将由中国人民银行予以取缔。① 其目的是为维护我国的金融秩序，保护社会公众的利益。“地下钱庄”等金融业务活动的存在，严重影响了我国对金融活动的监管，不利于国家对金融风险进行控制。民间商事借贷与非法集资界限不明，很多非法人员打着民间借贷的名义进行非法集资的活动，严重影响了我国的金融秩序，构成了犯罪。民间商事借贷立法后，对我国民事主体的投资、融资活动具有指引作用，可以规范人们的行为方式，使之符合我国法律的规定。另外，民间商事借贷立法可以使民间融资活动浮出水面，更有利于国家对民间商事借贷活动的监控，以便降低金融风险，提高金融效率。因此，民间商事借贷立法可以促进我国社会和谐与稳定地发展。

① 《非法金融机构和非法金融业务活动取缔办法》（1998 年中华人民共和国国务院令第 247 号）第五条规定，未经中国人民银行依法批准，任何单位和个人不得擅自设立金融机构或者擅自从事金融业务活动。第六条规定，非法金融机构和非法金融业务活动由中国人民银行予以取缔。

第五章

我国民间商事借贷的立法构建

第一节　我国民间商事借贷的立法难点与突破点

一、三个协调：民间商事借贷的立法难点

（一）正规金融组织、政府与民间商事借贷组织三者间利益的协调

正规金融组织是指经过国家有权机关批准设立并接受国家金融监管的金融机构，如商业银行、开发银行和邮政银行等。正规金融组织与我国民间商事借贷组织相对，但都是我国金融体系的重要组成部分。1912年熊彼特在《经济发展理论》中提出了创新理论。创新是指企业实现对生产要素的新结合，包括：引进新产品或提供一种产品的新质量；引进新技术，即新的生产方法；开辟一个新市场；获得一种原料或半成品的新供应来源；实现企业的新组织形式。[①] 综上，金融创新指的就是金融业内部通过各种要素的重新组合和创造性变革所创造和引进的新事物，具体可以分为：金融制度创新、金融业务创新和金融组织创新。民间借贷的组织形式和金融产品都是对金融组织的一种创新。但任何一种金融创新的过程都不是一帆风顺的，民间商事借贷的发展体现了正规金融组织、政府与民间商事借贷组织三者之间的利益博弈。民间商事借贷的立法活动属于经济学中的强制性制度变迁，必将在不同的利益集团之间对现有利益进行再分配，因此，如何协调三者之间的利益就成为民间商事借贷的立法难点所在。

在中国的二重结构中，上层结构总是处于控制地位，民间金融无论多么活跃并符合现代经济的发展，首先都要与具有"暴力潜能"的上层结构达成妥协，才能平稳发展。[②] 在金融体系中，上层结构是指作为国家官方金融机构——中国人民银行，下层结构是指作为金融创新的民间金融机构——民间商事借贷的组织和个人。作为上层结构的金融权威部门，对于民间金融的存在不予支持，这是民间商事借贷立法的最大阻碍。二者之间利益的协调，还需作为中间阶层的地方政府有所作为。民间商事借贷的组织和个人作为下层结构，处于被控制的地位，但其是民间金融创新发展的主导力量，是其基于自身的利益目标，为了抓住制度不均衡所致的获利机会而自发进行的金融制度创新。在这一过程中，创新制度的成功与否与地方政府的支持密切相关。地方政府是民间商事借贷组织的重要支持力量：一方面，其可以与上层结构的正规金融组织进行协商；另一方面，地方政府能发挥其宏观调控和政府管理的职能需要。在上层的正规金融与下层的民间金融发生冲突时，地方政府的态度通常有如下三种：第一，支持。表现在出台法律规范支持其健康发展。比

① 〔美〕熊彼特著，何畏译：《经济发展理论——对于利润、资本、信贷、利息和经济周期的考察》，第3页，北京：商务印书馆，1990。

② 张杰：《中国金融制度的结构与变迁》，第9页，太原：山西经济出版社，1998。

如，我国鄂尔多斯市和温州市为了保证地区经济的发展，分别出台了《鄂尔多斯市规范民间借贷暂行办法》（2012 年 6 月 5 日鄂府发［2012］40 号）和《温州市民间融资管理条例》（2013 年 11 月 22 日浙江省第十二届人民代表大会常务委员会第六次会议通过），此为地方政府为了本地经济发展的需要而对民间金融做出的支持。第二，默许。表现在对民间借贷的发展既不支持也不反对。当下层的民间商事借贷组织或个人与上层的正规金融发生冲突时，地方政府的态度表现为默许，此为保住地方经济发展和降低社会成本的一种方式。但民间商事借贷游离于金融体制之外，其“地下”经营模式可能由于民间商事借贷本身的盲目性和趋利性导致发生金融风险，那么此时地方政府的社会成本将增加。第三，反对。表现在对民间借贷的积极打压，抑制其发展。当出现金融危机时，如果地方政府对民间商事借贷活动予以严厉的打击，那么民间商事借贷活动就开始转向地下经营。因为在现实经济生活中，民间商事借贷市场有巨大需求，当现有制度不允许其发展时，只能转向地下，采取更加隐蔽的方式进行，此时民间商事借贷风险更不易控，将对我国经济、社会发展造成更大的损害。

由此可见，政府的态度至关重要，是将民间商事借贷活动纳入法律规制轨道的关键所在。在民间商事借贷的立法中，协调三者之间的利益成为制定该法的难点所在。以上论述充分证明了民间商事借贷的立法是一个三方利益主体博弈的制度创新过程，其立法应既满足我国当今经济发展的需要，又能保住各方利益主体的利益，这对我国的金融体制改革具有现实意义。[①]

（二） 民间商事借贷与法律规制价值的协调

民间商事借贷是我国社会经济发展到一定阶段的自然产物，目前我国关于民间商事借贷的法律并不完善，其中一个主要原因是视域上的局限，主要表现在忽略了民间商事借贷与作为其生存环境和运行背景的法律规制之间的关系。[②] 在民间商事借贷立法中，我们要注意协调民间商事借贷所追求的价值目标与法律规制本身的价值目标的关系，这是任何一部法律在制定时都无法避免的法理问题。

1. 民间商事借贷与法律规制的抽象性

抽象的法律只涉及规范民间商事借贷行为的一般方案，它只提供一种规范行为的框架，从严格意义上讲，它不能完全支配民间商事借贷的行为，而只能限制其决策范围。从法律规制的角度来看，抽象是指根据同样的原则规范民间商事借贷的一种“中间性”立场，要求法律规制不偏不倚，并非为了特定人或群体的利益而制定。

在抽象的理念下，即使民间商事借贷法律制度中具体对哪一种行为人要受到法律的规制全然不知，也不知该法律规制将适用于行为人的何种特定情形，但这并不影响其给予行为人平等待遇的属性。民间商事借贷行为是一种私行为，以意思自治为核心，因此，在民间商事借贷的立法中要贯彻意思自治理念，如果刚性地要求法律规制追求的具体目的或达到的预期结果，则必将影响民间商事借贷的健康发展。“抽象规则可能对民间借贷行为有一定的限制，但是法律所具有的抽象的特性可以将这种限制减至最少。”[③]

---

① 汪丽丽：《多维视角下民间金融生成逻辑分析》，《金融检察年刊（2012）金融检察与民间融资》，第 126 页，上海：上海交通大学出版社，2013。

② 张曦：《民间融资与法律规制品性》，第 161 页，上海：上海交通大学出版社，2013。

③ 〔英〕弗里德利希·冯·哈耶克著，邓正来译：《自由秩序原理》，第 5 页，北京：三联书店，1997。

抽象规则还可以防止不合理的规制，使其受到法律的约束。“法律规则的普遍性和适用的一致性，使特定行使权力者很难将其变成谋取私利的工具。”① 民间商事借贷的法律规制采用与具体情形脱钩的抽象概念并建立抽象规则，且适用于很多的人、未知的境况、任何不特定的时空，成为规制民间商事借贷行为的技术性工具。

《中华人民共和国宪法》中明确规定了对企业合法权益之保护，《中华人民共和国民法通则》和《中华人民共和国合同法》中也确立了民事主体的平等原则、意思自治和契约自由原则。因此自然人和法人同为民事主体，理应享有借贷自由。因此，我国现行法律针对建立在真实意思表示基础上的民间商事借贷是予以保护的。同时民间商事借贷可以促进资金配置的优化、资金使用率的提高、融资结构的优化和市场资金需求压力的缓解等。

但是，完全不受控的民间商事借贷对我国经济发展也造成了消极的影响，主要表现在对我国经济宏观调控的影响和对金融秩序的扰乱上。因此，我们要对民间商事借贷行为予以法律规制。在制定民间商事借贷的法律时，注意使民间商事借贷在社会资金资源配置方面与国家的产业政策、金融政策相一致。这样做既能发挥民间商事借贷的灵活性、多样性的特点，又能保障民间商事借贷主体各方的利益，协调民间商事借贷意思自治的本质与法律规制抽象性之间的关系。

2. 民间商事借贷与法律规制的独立性

规制民间商事借贷的法律还需具有目的独立性，而这种目的独立性是相对于民间商事借贷法律规制的共同目的而言的。民间商事借贷的风险在很大程度上依赖于借贷双方的伦理道德，而伦理道德对于约束民间商事借贷的风险具有不特定性，因此就需要法律规制的约束力发挥作用。另外，事实无法逻辑推导出价值，价值被认为属于主观范畴。主观价值主义根本无法为各种目的提供批判的客观标准。② 对民间商事借贷的法律规制不可能强制性地设定，也不可能要求人们去孜孜以求实现虚幻的共同目标。民间商事借贷本身所持有的一定目的，往往与个人所处的特定时空和情势相联系，而民间商事借贷的立法者也并非知悉民间商事借贷所追求的特定目的。在民间商事借贷的法律规制中，民间商事借贷必须遵从立法者设定的目的，将这些特定的目的视作对民间商事借贷主体实施强制的正当性理由，民间商事借贷的法律规制是否要求其调整对象追求其特定目的，正是民间商事借贷法律规制所要解决的具体问题。民间商事借贷的主体要想获得尊崇的主体地位，保证其目的的实现就必须自制，且将所有民间商事借贷的目的都当作自身的目的。此时民间借贷规制才有助于实现多种目的，并借助诚信品性和道德品性予以补充。③

3. 民间商事借贷与法律规制的否定性

法律规制的否定性是指一部道德法典或者一套法律规则体系，主要是由禁止实施某些有害行为的禁令所构成的，而不是由要求提供某些利益的命令构成的。④ 民间商事借贷法

① 〔美〕诺内特、〔美〕塞尔兹尼克著，张志铭译：《转变中的法律与社会——迈向回应型法》，第167页，北京：中国政法大学出版社，1994。

② 〔德〕柯武刚、〔德〕史漫飞著，韩朝华译：《制度经济学：社会秩序与公共政策》，第41页，北京：商务印书馆，2000。

③ 张曦：《民间融资与法律规制品性》，第162页，上海：上海交通大学出版社，2013。

④ 邓正来编译：《西方法律哲学文选》，第105页，北京：法律出版社，2008。

律规制一般向民间商事借贷双方当事人提出否定性要求，不会从肯定的角度规定遵循者应当做什么，而是从否定的角度规定遵循者不应当做什么。民间商事借贷法律规制属于否定性概念，决定了法律规制原则上采取"禁止"这一规范形态。民间商事借贷行为的健康发展空间纯粹是否定性概念，是否定性融资自愿或消极自治，它所描述的是在民间融资中所设定的特定障碍，即不存在他人强制的实施。只有民间商事借贷行为不作为，才能保证行为人的利益，相关的法律规制才对民间融资行为构成不作为的禁令。因此，在民间商事借贷的法律规制中，只有施加禁止侵害他人的否定性义务，才能满足保障民间商事借贷的利益需求。

在民间商事借贷的法律规制设定时，还需注意协调民间商事借贷的否定性、法律规制的强制性与民间商事借贷意思自治的关系。否定性意义上的民间借贷的意思自治与强制性是一对矛盾体，意思自治是指在社会中的一些人对另一些人所施以的强制性的意思表示被减少至最小可能的限度。[①] 意愿本身不可能是强制性的，如果欲保证民间商事借贷各方的意思自治，就只有诉诸法律规制。那么，如果相关的法律规制可以用某种方式强制他人对民间借贷行为的利益予以保障，则民间商事借贷行为才能健康发展。因此，要协调好民间商事借贷的意思自治与法律规制否定性之间的关系，就要利用法律规制的否定性来划定民间商事借贷的行为范围，而不是限定民间商事借贷行为人在这一过程中必须采取何种方式运作。

4. 民间商事借贷与法律规制的程序性

法律规制依据这一特定对象的性质是行为过程还是行为结果，可以分为两种类型：程序性类型和结果性类型。保持程序性精神的法律并不追求其结果而只追问其行为，即追问民间商事借贷法律规制的结果形成过程而非追问其行为所致结果的正当性。"这种程序如果被人们恰当地遵守，其结果也会是正确的或公正的。"[②] 因此，在民间商事借贷的立法中，我们应该注重对程序性法律规范的制定，相对于结果正义，程序正义无疑在民间商事借贷立法中占据了更重要的位置。

只要是法律规制，它就不可能满足人们所有向往的理想意愿，民间商事借贷法律规制对其融资行为的调整应当体现为对民间商事借贷有效要件的设置，从程序上而非结果上对民间商事借贷的行为进行调整。

在民间商事借贷立法中，我们注重程序性法律规制的原因在于程序控制具有较强的优势。相对于结果控制，程序控制更有助于维护金融资本的健康发展。程序公正、合理是监管的本质。程序性的法律规制增加了民间商事借贷监管的方式，这种程序的民间商事借贷法律规制得到解决，可使对民间商事借贷控制这一特定资源配置结果在国家意志行为的支配下达到最佳的法律效应，可以杜绝因追求结果公平导致国家过多干预民间商事借贷的行为产生。

（三）"民商合一"立法国情与民间商事借贷单独立法之协调

1. 我国的"民商合一"的立法体例

在我国，"民商合一"还是"民商分立"一直是众多私法学家争议的焦点。主张"民

---

① 王燕霞：《民间融资规范化探析》，《天津法学》，2011（3）。

② 石元康：《从中国文化到现代性：典范转移》，第 328 页，北京：三联书店，2000。

商合一”的专家学者认为在我国只需制定一部《民法典》，在《民法典》之外不需再另行制定《商法典》；而支持“民商分立”的专家学者则认为，根据目前市场经济发展的需要，仅仅一部《民法典》已不足以适应社会经济的发展，在《民法典》之外还需一部《商法典》才能适应社会发展之需求。支持“民商分立”的专家学者的理由主要有以下三点：

第一，在现代社会，商人的身份不仅没有消除，反而得到了强化，更应注重保护商人阶层的利益。商法产生于欧洲中世纪，商人阶层的出现要求必须有保护其利益的法律，因此，商法不断得到发展和完善。但是在现代社会，商人作为以营利为目的的职业阶层并没有消失，仍然受到现代商事法的高度重视，比如德国《商法典》采取的商人主义正是这种思想的体现。

第二，商事行为和民事行为可以分开。商法有自己独立的调整对象，商事行为以营利为目的，民事行为不以营利为目的。商事行为和民事行为不能严格区分是不能成为《商法典》不能够独立存在的理由的。

第三，“民商合一”的立法体例是我国高度集中的计划经济体制的体现，与市场经济体制的要求不相符合。在一个全社会对商人持压制态度的时代背景下，实行高度合一的立法体例是符合我国基本国情的，商人地位低下，受政府和官僚的压制，要为他们制定独立的《商法典》几乎是不可能的。但随着我国市场经济的发展，商人阶层的出现，商人在经济、文化等各个领域都发挥了重要的作用，因此，应该通过更多的法律保护来激发商人的积极性，保护商人的利益。

但笔者认为，法律部门的划分不完全等同于立法体例的选择，即民法与商法均为独立的法律部门，但并不影响“民商合一”的立法体例。根据法律规范所调整的社会关系以及与之相适应的调整方法，可以将民法与商法划分为不同的法律部门。商法与民法具有不同的调整对象，民法的调整对象为平等主体之间的人身关系和财产关系，商法的调整对象为商人之间的商事关系和商人与非商人之间的商事关系。[①] 虽然商法与民法分别为独立的法律部门，但并不完全等同于采取“民商分立”的立法体例。因为法律部门的划分主要考虑的是理论的严整性，而立法体例的选择考虑的是建立在尊重法律的基础上的现行法律协调问题。民法与商法在价值取向上存在着重大差异，这是民商立法时必须要注重的问题之一，但这并不是“民商分立”的理由。无论是基于中国现实的立法现状还是基于我国社会主义市场经济的发展，“民商合一”的立法体例都是适合我国的基本国情的。[②] 其主要理由为：

第一，“民商合一”符合我国的立法传统。在我国法典制定的历史中，国民政府时期采取的就是“民商合一”的立法体例，在《民法典》之外不再另行制定《商法典》。在新中国成立之后，我国受苏联的民法制度的影响，采取的依然是“民商合一”的立法体例。目前我国《民法典》在制定时，以《中华人民共和国民法通则》《中华人民共和国合同法》《中华人民共和国物权法》和《中华人民共和国侵权责任法》为核心的法律体系依然显示出了我国立法“民商合一”的趋势，《中华人民共和国海商法》《中华人民共和国公司法》《中华人民共和国证券法》等商法法律制度均属于民事制度。因此，我国应该继续坚持“民商合一”的立法体例。

第二，“民商合一”能够有效促进我国社会主义市场经济的发展。市场经济是商品经济发展到一定阶段的产物，因此“民商合一”的立法体例是商品经济与市场经济不可分离且相互促进的体现。综上所述，“民商合一”的立法体例是符合我国的基本国情与历史传

① 张民安：《商法总则制度研究》，第 19 页，北京：法律出版社，2007。

② 赵万一：《商法独立与独立的商法——商法精神与商法制度管窥》，第 21 页，北京：法律出版社，2013。

统的。

2. “民商合一”与民间商事借贷单独立法的协调

“民商合一”的立法模式在世界范围内有两种：第一种为传统模式，即在《民法典》中包含商事法律规定；第二种是现代模式，即在《民法典》之外另行制定商事单行法作为民法的特别法。笔者赞成我国采取第二种模式，因为第一种模式中，商法相较于民法的稳定性而言，具有一定的变动性和政策性，采取第一种模式将会导致理论的僵化和封闭。第二种模式既可以保持形式的统一性，又可以注重商事立法的变动性，可以做到形式与实质的统一。民间商事借贷的立法作为商法的法律规范，是民法的特别法，因此不仅没有影响我国“民商合一”的立法体例，反而促进了我国民法理论的发展与完善。

法律对我们日常生活中正确的行为方式进行了界定。目前我国的民间商事借贷行为缺乏统一的立法依据，只有制定统一的法律，才能发挥法律制度的规范和引导作用。[①] 制度带有根本性，民间借贷的制度设计和安排是民间金融活动的社会关系整合机制。诺斯认为，制度是个社会的游戏规则，更规范地讲，它们是为人们的相互关系而人为设定的一些制约。就民间商事借贷而言，从事制度设计的政府部门、立法者，要按照一定的金融创新制度目的和程序有意识地创造出一系列的规则及契约，明确民间商事借贷制度的设计结果，为民间商事借贷提供公平的生存环境和秩序。因此，民间商事借贷的立法作为单独的商事立法，与我国“民商合一”的立法国情并不冲突，其作为单独的商事法律，为民法的特别法存在。

二、两个赋权：民间商事借贷的立法突破点

（一）赋予民间商事借贷组织与正规金融组织平等竞争的法律地位

在改革开放后的市场经济大潮中，由于国有银行的体制束缚和商品经济发展的现实需要之间存在巨大落差，各地民间商事借贷行为一直存在。其对我国区域经济的发展做出了重大贡献，但是由于我国在立法上一直未承认其合法的地位，民间商事借贷组织一直处于地下或者半地下状态。由于规制民间商事借贷行为的法律不规范，导致各地频频爆发民间商事借贷引发的金融危机。只要有市场需要，民间商事借贷的市场就无法消除。因此，我国在法律制度设计上只能正视其存在的现实，并采取合理手段对其予以规制和调整。

在市场经济条件下，平等互利是金融制度发展的一般要求，作为市场经济产物的民间商事借贷对“平等互利”也有着天然的需求。现代商品经济是以社会化大生产为特征的生产形式，以高度统一的市场实现商品的交换。市场经济之所以能够被社会化大生产所认可和采纳，是因为它比其他经济形式更能提高经济效益，能够更快地促进生产力的发展。市场经济之所以能够创造出高效率的原因，在于它能最大限度地实现社会资源及稀缺的生产要素资源的合理配置，能够最大限度地降低商品生产和交易的成本，能够最大限度地减少对社会资源的浪费。而实现这种高效率的前提就是必须有统一的大市场和充分的自由竞争。因此，如果竞争不是充分自由的，市场不是统一的，则必然造成各类生产要素在市场中的不完备。对参与市场竞争的生产要素及其所有者来说，充分的自由竞争和统一的大市

---

① 〔美〕史蒂文·瓦戈著，梁坤、刑朝国译：《法律与社会》，第253页，北京：中国人民大学出版社，2011。

场意味着每种生产要素都有进入统一的大市场参与竞争的同等机会。作为市场的稀缺要素，资本也应该有这样的平等地位和机会，即等量资本获得等量利润的机会，作为资本的所有者，都应享有平等地进入市场竞争的机会，这也体现了社会化大生产条件下市场经济所要求的机会平等。

市场经济和平等二者之间相互促进、相互影响。赋予民间商事借贷主体与其他正规金融组织之间平等竞争的地位有助于完善我国的市场经济。第一，平等理念的加固。市场经济是平等理念生长的天然温床。在市场经济条件下，竞争、理性选择、公正对待以及决策的分散化，均是社会的重要准则。平等的地位有助于社会成员形成独立的人格，使平等的理念被广泛接受和普遍认同。第二，机会平等规则的形成。社会成员具有了自主意识和平等理念之后，必然进一步要求生存发展和机会平等。机会平等才可以使社会成员拥有相对平等的起点，才能激发自身的创造力。第三，平等参与社会事务的积极性。市场经济所蕴含的平等精神可以促使社会成员形成一种平等参与社会事务的积极性；而市场经济对于社会一体化进程的促进，又使得社会成员对社会的依赖性加重，二者之间呈现相辅相成的关系。

赋予民间商事借贷主体平等参与市场竞争的机会，才能完善和丰富我国市场经济的发展；才能通过民间商事借贷立法活动，使得民间商事借贷主体经营放贷业务在阳光下进行；才能通过参与者平等自由的竞争，加快我国金融制度的改革。

（二） 赋予投资者权利法律保护，拓宽民间资本投资渠道

投资者权利法律保护是市场存在和发展的前提。投资者权利保护理论要求从法律制度与金融发展的关系入手，重点阐明投资者权利法律保护对促进金融发展的突出意义，并指明强化投资者权利法律保护的补充替代性机制，补充投资者权利法律保护是促进民间金融发展的制度化路径。经济学四人组（LaPorta、Lopez-de-Silanes、Shleifer、Vishny 简称LLSV）在 1988 年出版了《法律与金融》这本书，创立了法律与金融理论。该书通过对 49 个样本国家股东权利指数、债权人权利指数以及法律执行质量的测量，阐述了法律、投资者权利保护和金融发展之间的逻辑联系。其主要内涵有以下几点：

第一，法律对投资者权利保护的程度是决定金融发展程度的关键因素。通过实证分析发现，各国所有权集中度、资本市场的发展、公司治理模式和外部融资问题都存在差异，而这些差异都与各国法律对投资者权利保护的程度相关。

第二，法律对投资者权利保护的程度取决于各国法律体系的性质和起源，随着法律渊源的不同呈现规律性的变化。

第三，法律渊源影响金融发展的政治性机制和适应性机制。政治性机制指的是各国对私人权利和公权力保护的优先次序不同，注重保护和尊重私人权利的国家有利于促进金融制度的发展；适应性机制指的是只有能够适应商业环境变化而使经济契约的要求和法律之间最契合，这样才能有效促进金融之发展。[①]

2002 年世界银行的政策研究报告表明，在法律制度较完善且对中小股东权利保护较好的国家，其公司的治理水平明显优于法律保护较弱的国家。因此，这种投资者权利保护的法律理论对于我国的民间金融制度设计而言至关重要，具有引导作用。根据国务院《非

① 陈蓉：《“三农”可持续发展的融资拓展：民间金融的法制化与监管框架的构建》，第 91 页，北京：法律出版社，2010。

法金融机构和非法金融业务活动取缔办法》规定，凡未经金融监管部门批准，各类互助会、投资公司、担保公司所从事的向社会不特定对象进行的集资贷款活动均构成非法活动。这种法律框架压抑了投资者的投资欲望，迫使他们不得不转向地下经营，寻找投资渠道。这种缺乏基本的权利保护的做法加大了政府对金融活动的监管力度，也增加了金融风险爆发的可能性。

人是个体性的道德主体，因此有权决定自己的行为目的。我们每个人都有一个独特的知识系统，因此，每个人的行动都有其独特的根据。洛克在其《政府论》中提到：国家的权利在道德上都来源于被统治者们想要组成一个国家的愿望。洛克认为，如果国家会侵犯个人有效权利的领域，那么，没有任何人会同意建立一个国家。国家也许会否认个人的某些权利，但是，从整体上看，这必须能够带来更大的好处。除此之外，我们也可以为充足的民间资本寻找投资途径，使其向正规的方向发展。民间资本的投资途径有：一是鼓励民间资金进入正规金融机构；二是大力发展由民间资本组建的各类股份制、股份合作制的民营银行；三是发展投资基金和信托基金；四是发行企业债券；五是发展三板市场。通过这样的方式，我们可以控制民间资本，令其流向市场，进而促使民间资本通过其他方式去满足中小企业的资金需求。因此，我国的民间商事借贷立法可以引导大量的民间借贷活动由地下转到地上经营，将其活动纳入国家金融监管体系，赋予更多投资者通过正规渠道去谋求自身利益的最大化的权利，加大对投资者权利保护的力度，拓宽我国民间资本的投资渠道。

第二节　我国民间商事借贷的立法模式

一、民间商事借贷的两种立法模式

民间借贷有广泛存在的合理性和必要性，那么，如何创新和完善法律制度，使其为社会经济的发展发挥出更好的作用，则是中国经济法制建设的一个重要课题。[①] 对于我国民间商事借贷的规制，主要有以下两种模式：第一，修改现行民间商事借贷法律法规模式。即针对我国民间商事借贷的发展和出现的新特点，修改我国现行法律以适应社会经济发展之变化。第二，民间商事借贷单独立法模式。即针对民间商事借贷的发展和出现的新特点，我国应借鉴其他国家的优秀立法经验，制定专门的法律予以规制。

（一）修改现行民间商事借贷法律法规模式

在承认民间借贷正当权利的基础上，必须通过对现行的相关法律法规的修改与完善来明确合法与非法融资的界限，消除不合理的限制条款，将民间借贷由地下转到地上经营，从而将这种非正规的金融活动尽可能地纳入信用可控的范围，促使其逐步走向契约化和规范化的轨道。[②] 我国民间商事借贷具有地区性差异的特征，在发达地区，民间商事借贷行

---

① 岳彩申、袁林、陈蓉：《民间借贷制度创新的思路和要点》，《经济法论丛》，2009（1）。

② 张书清：《民间借贷法律价值体系的重构》，《上海金融》，2009（2）。

为多发生在具有商业性质的金融交易活动中；而在经济落后地区，民间商事借贷行为具有更明显的互助合作性质。此外，民间商事借贷的发展程度并不相同，不同地区对资金的需求也有所差别。民间借贷的复杂性决定了国家关于民间借贷的制度应当保持足够的灵活性，针对民间借贷的不同层次和类型，采取不同的制度创新措施。① 民间金融立法的关键不在于立法，而在于“民间金融”本身，在金融业高度发达，新的金融行为和金融产品层出不穷的情况下，民间借贷已呈现出高度技术性和专业化的特点。如果不将中国的民间金融问题本身搞清楚，就不能从科学上对其利弊进行充分的理解和分析，那么立法滞后就会不可避免。

（二） 民间商事借贷单独立法模式

从商法视角来看，民间借贷的商事属性被弱化、民间借贷的商事主体性未彰显、民间资本逐利的商事渠道匮乏、民间商事借贷的法律监管不健全等都是民间商事借贷问题的重要成因。因此，设立规范民间借贷的商事行为法、保障民间借贷主体的商事主体性、健全民间商事借贷的市场进出机制、完善民间商事借贷的法律监管体系，无疑是商法规制民间商事借贷的重要选择。②

民间商事借贷市场的健康发展离不开法律的有效保障。民间商事借贷相关争议的解决只依靠《中华人民共和国合同法》《中华人民共和国民法通则》中部分条款，不能适应民间商事借贷变化、发展的需要，民间商事借贷中借贷双方行为规范、债权债务关系的界定、口头协议纠纷的解决、高息集资行为的抑制等问题都需要专门的民间商事借贷法律去规制。③ 因此，应制定适应民间商事借贷发展的法律规范以使其健康发展。④ 针对民间商事借贷的现状，制定专门的法律予以规制，如在对待民间商事借贷的制度安排上，国家应当有步骤、有选择地在法律上明确承认民间商事借贷的合法地位，通过提供一套保障契约签订和执行的制度，保护这些民间金融机构的财产权利和正当的经营活动，规范民间商事借贷的交易手续，推行民间金融交易契约化和法律化，让民间的金融活动在法律规范和监督下走向合法化，成为正规金融的竞争者和补充者。⑤《民间借贷（条例）法》应当只对那些并非专门从事金融业务的机构和个人的借贷行为进行规范，主要包括对集资行为、放贷行为以及具有本土特色的互助性组织（轮转储蓄、合会或标会）的行为加以规范。⑥

根据我国金融市场的结构和法制状况，规范民间借贷的商事行为法，“应当只对那些以营利为目的且专门从事借贷业务的机构和个人的商事借贷行为进行规范，重点是对主体准入、放贷利率、经营区域、放贷人的资金来源等加以规范”⑦。通过专门的商事立法明确民间商事借贷的法律正当性基础，有效保障资金拥有者运用资金的自由，用法律形式确认民间商事借贷的正当权利。⑧ 可以由相关部门尽快出台《民间借贷管理条例》，将民间借贷

---

① 岳彩申、袁林、陈蓉：《民间借贷制度创新的思路和要点》，《经济法论丛》，2009（1）。

② 殷炳华：《商法视角下民间借贷问题的成因与法律规制》，《山东警察学院学报》，2012（5）。

③ 中国人民银行张家界市中心支行课题组：《欠发达地区民间借贷的特点、风险及对策》，《武汉金融》，2007（5）。

④ 张明辉：《当前民间借贷的发展和规范问题研究》，《商情》，2010（10）。

⑤ 岳彩申、袁林、陈蓉：《民间借贷制度创新的思路和要点》，《经济法论丛》，2009（1）。

⑥ 同上。

⑦ 岳彩申：《民间借贷规制的重点及立法建议》，《中国法学》，2011（5）。

⑧ 张书清：《民间借贷的制度性压制及其解决途径》，《法学》，2008（9）。

纳入法制化轨道，纳入金融监管范围。[①] 对于使用非自有资金放贷的各种担保公司、投资公司或地下钱庄，应当将其界定为职业放贷人，设置放贷人准入门槛，将其经营情况纳入日常监管视野。根据其使用资金的规模大小，监管机构应对其注册资金、放贷金额总量、最低自由资金比例及业务透明度提出不同的监管要求。[②]

二、 统一立法：民间商事借贷的立法模式选择

法律是适应利益调节的需要而产生的，法律的变化和发展归根结底来源于人们对于利益需求的变化，法律制度实际上就是一种利益制度。[③] 法律产生的过程就是将人们的自发行为逐渐纳入可以重复使用的规则体系中，创造较为安全的交易环境，减少交易成本。制度是社会的一系列规则。任何制度都包括三部分：非正式制度、正式制度和实施机制。非正式制度指的是不由政府强制执行而是自发得到社会公认的行为规范，如习惯、道德和意识形态等。正式制度是人们有意识创造的一系列规章法则，包括从宪法到具体法规，再到特殊的细则，最后到个别契约，它们共同约束人们的行为。实施机制指的是人们遵守制度和违反制度后得到的奖惩，以及这种奖惩的力度对制度所产生的后果。[④] 中国传统的熟人社会依靠传统文化或道德束缚来约束人们的行为，而在现代法治社会，非正式制度已不足以调整人们的行为，必须将二者相互结合，才能更好地适应市场经济的快速发展。而建立在熟人社会的民间借贷的非正式制度的调整机制已明显不适用于市场经济的发展，因此，在经济转型时期，迫切需要正式制度来调整民间借贷行为。2015 年 8 月 12 日中国人民银行制定的《非存款类放贷组织条例（征求意见稿）》公布，其只针对经营放贷业务但不吸收公众存款的放贷组织进行了调整，并不包括现实生活中常见的个人放贷、典当行放贷等形式。

美国、新加坡和日本以及我国香港、台湾地区的优秀立法为我国民间商事借贷的统一立法提供了丰富的经验，通过对其学习和对我国民间商事借贷的发展状况的研究证明，我国迫切需要制定一部专门的法律来调整民间商事借贷的发展，统一的立法将成为其最佳选择。法律规范并非彼此无关的平行存在，其间有各种脉络关联。因此，从体系的方式把握，到建立统一的规范标准，将是统一立法的优势所在。统一的立法模式对于民间商事借贷立法而言，其重要性体现在以下几点：第一，统一立法能使民间商事借贷双方当事人的权利和义务更明确。统一立法明确规定双方当事人的权利和义务，避免发生因借贷行为导致的纠纷。第二，统一立法能够为民间商事借贷行为提供清晰的指引。由于我国缺乏民间商事借贷的统一法律，很多贷款者的行为因触犯我国法律而导致借贷行为无效，长此下去必将危害我国经济发展。统一的立法将为民间商事借贷行为提供指引，促进民间资本的健康发展。第三，统一立法能使民间商事借贷的风险降至最低。民间商事借贷因监管机关及其职责的不明确，将导致各个监管部门相互推诿，而统一的立法将规定明确的监管机关及其职责，控制金融风险。

---

① 曹冬媛：《民间借贷利息的法律问题》，《河北法学》，2012（12）。

② 李有星、罗栩：《论〈放贷人条例〉制定的难点及其解决》，《政治与法律》，2011（6）。

③ 赵震江主编：《法律社会学》，第 35 页，北京：北京大学出版社，1998。

④ 吴光炳主编：《转型经济学》，第 7 页，北京：北京大学出版社，2008。

笔者认为，针对民间商事借贷的统一立法已是大势所趋，其立法目的是引导一部分处于隐藏、半公开甚至非法状态的民间商事借贷浮出水面。通过有效的法律手段、经济手段刺激其转向正常的、公开的和商业可持续的经营。因此，针对民间商事借贷采取统一专门立法的模式是规制其健康发展的有效途径。

第三节　我国民间商事借贷的立法理念

根据《辞海》的解释，理念是指一种理想的、永恒的、精神性的普遍观念。在西方，理念是指人们具有的由一定的世界观所决定的最一般且最基本的观念、思想倾向和价值追求。康德最早尝试将理念从哲学领域引入法律领域；① 而最先提出“法律理念”，将法律与理念结合的是黑格尔。② 理念是为了解释事物的原因而提出的假设，它是事物不变的本质。理念之于一国的法治社会构建的重要性是毋庸置疑的，它直接影响到一国现代法律制度的创设以及具体运作的优化，脱离法律理念引导的法律现代化是盲目的，不可能实现真正意义上的现代化。③ 德国的新康德自然主义法学家鲁道夫·施塔姆勒提出：“法律理念乃是正义的实现。正义要求所有的法律努力都应当指向这样一个目标，即实现在当时当地条件下所可能实现的有关社会生活的最完美的和谐。”④ 制定和实施法律是件大事，故预先必有某种理念，是为立法理念或法律理念。立法理念是指导法律制度设计和实际运作的理论基础及主导的价值观。我们期待现代社会存在着一种能够实现有秩序、有效率和公平正义的理想境界，并相信借助于法的调整与规范，可以达到或接近这种目标，这种观念就是法律理念，它指的是人们对于某种法治理想的目标模式及其基本实现途径和方式的一种信仰、期待及追求。

在设计和制定我国具体的法律制度时，参考并借鉴其他国家优秀的立法经验是一种良策，但在引进西方国家的法律制度时，由于涉及一些形而上的概念，我们缺乏对西方法律文化的实证性研究，导致两种法律理念在交流和对话时，显示出了一种时代话语上的差距。因此，在构建我国具体的法律制度时，一定要注意我国基本国情和法律理念的构建。众所周知，秩序、效率、公平等是法律理念的内容，民间商事借贷的立法当然也应遵循，但鉴于民间商事借贷涉及我国的金融领域，风险性较大，因此，在注重发挥私法自治作用时也应同国家的宏观调控相结合。

一、金融自由与金融管制结合

自由的概念在政治上有其阶级性的内容及发生和发展的历史过程。在古罗马，自由的

① 〔德〕伊曼努尔·康德著，李秋零译：《纯粹理性批判》，第 285 页，北京：中国人民大学出版社，2004。

② 〔德〕黑格尔著，范扬、张企泰译：《法哲学原理》，第 1—2 页，北京：商务印书馆，1961。

③ 王申：《理念、法的理念——论司法理念的普遍性》，《法学评论》，2005 (4)。

④ 〔美〕E. 博登海默著，邓正来译：《法理学——法律哲学与法律方法》，第 173 页，北京：中国政法大学出版社，1999。

原意指从被束缚、被虐待中解脱出来。资产阶级革命时提出的自由，是指“个性解放”“政治自由”“贸易自由”等，目的是从封建主手里夺取政权，建立自由竞争的资本王国。在社会主义制度下，劳动人民当家做主后，才能获得言论、通信、出版、集会、结社、游行和示威等自由，并得到法律和物质的保障。自由是相对于法律而言的，二者是一个统一体的两个矛盾着的侧面。在哲学上，自由是指对必然的认识和对客观世界的改造。① 在19世纪初和20世纪初，以法国的孔斯旦、英国的边沁和穆勒为代表的资产阶级提出了“自由”和“民主”的口号，主张个人活动和发展的完全自由，提倡个人权利，实现毫无拘束的企业主的自由竞争。马克思认为资产阶级的自由是“把历代的一切封建特权和政治垄断权合成一个金钱的大特权和大垄断权”②。因此，自由并不是毫无限制的，其与国家、法律的管制相辅相成，只有二者结合才能发挥出自由的本意。经济上的自由是指市场经济的内在要求，其以尊重个人的经济自由权利为基本前提，以保障和实现个人权利为根本宗旨，主张通过规范经济主体基本的经济权利和义务，赋予市场主体在社会经济活动中自主决策和行动的独立人格。③

“从商自由”是我国商法的基本原则之一，是指除非法律对人的商事资格做出限制，所有人均享有按照自己意愿从事商事经营活动的自由。法国在1971年3月2日第17号法律中明确规定了从商自由的原则，直至现代社会，从商自由一直被认为是一种公共自由，是民法的平等原则在商法领域的反映。现代商法认为，任何自然人只要不具备法律禁止从商的条件均可按照自己的意愿从商，不受其他人、其他国家有关行政部门的约束。从商自由是市场经济的本质要求，是现代商法的核心和灵魂，没有从商自由的原则就没有市场经济，也就没有商法。从商自由原则也是我国宪法规定的自由在商事领域的反映，是公共自由的重要组成部分，如果商法不承认从商自由原则，则宪法规定的自由也无法得到充分的实现。④ 2013年修订的《中华人民共和国公司法》中取消了公司的最低资本金限制，这也是从商自由的进一步体现和贯彻。从商自由对提高商人的积极性、推动经济的发展和实现国家的繁荣富强及人民幸福均具有重大作用。我国民间商事借贷行为作为一种商事行为，在其立法中应当继续贯彻这一法律理念。

另外，我国民间商事借贷行为自由也是我国金融自由的体现。“金融自由是金融市场的根本动力，是金融活动的恒久追求，只有以自由为核心，金融活动才能健康、有序地发展。”⑤ 金融自由实际上是指金融行为自由，是个人的理性行为，其应该保障金融行为参与人的充分自由。金融自由的内涵应该界定为金融活动当事人可以按照自己的意愿，在法律规定和允许的范围内设立、变更和终止金融权利和义务，也包括市场主体可以自由结合，组成金融组织从事资金融通活动的权利。2013年召开的十八届三中全会提到，在加强监管的前提下，允许具备条件的民间资本依法发起设立中小型银行等金融机构。“基于自由法治的市场经济更促进发展，自由法治的政治经济制度能够最大限度地释放人性的积极因素，从而创造

① 辞海编辑委员会：《辞海》，第4335页，上海：上海辞书出版社，1979。

② 《马克思恩格斯全集》，中文1版，第2卷，第647页，北京：人民出版社，1957。

③ 陈蓉：《“三农”可持续发展的融资拓展：民间金融的法制化与监管框架的构建》，第248页，北京：法律出版社，2010。

④ 张民安：《商法总则制度研究》，第45页，北京：法律出版社，2007。

⑤ 张秋华，周毅：《论我国金融法制理念的重构》，《税务与经济》，2004（4）。

出惊人的经济增长。”① 但商事交易活动中各个利益主体的取向不同，导致其信息不对称且存在各种不确定的信息，因此容易诱发道德风险。在民间商事借贷的立法中应把交易风险限定在一个合理的范围之内，避免社会经济发展无序化的后果。② 因此，国家对民间商事借贷进行立法时应贯彻金融自由与国家适当管制的理念，避免道德风险与金融风险。

二、金融效率与金融安全并重

效率是指现有的生产资源与它们所提供的满足人类需要之间的对比关系，即以最小的资源消耗获得最大的成果。效率本是经济学中的概念，最初将效率的概念融进法学学科的是亚当·斯密，他认为所有的法律制度都应该以有效利用社会资源，最大限度地增加社会财富为目的。一项法律制度是好是坏，要看它能否促进资源的有效配置、促进经济发展，是否有利于“富国强民”。法国经济学家波斯纳也认为，法律对权利的界定应当遵循效率原则，以资源有效配置作为评价法律体系的标准。法律应当为人们设定最经济的行为模式，包括设定最经济的程序模式，采取各种措施来提高解决纠纷的法律程序的效率，减少不必要的资源耗费，使社会财富被恰当地或最经济地使用。③

而安全是法律制度设立的另一个核心理念，对于金融制度而言更是如此。“安全有助于使人们享有诸如生命、财产、平等和自由等其他价值的状况稳定化并尽可能持续下去。”④ 金融安全指货币资金融通的安全和整个金融体系的稳定，金融安全程度越高，金融风险就越小；反之，金融风险越大，金融安全程度就越低。金融安全事关国家的经济命脉，因此，我国必须实行严格的金融管控制度。保障金融安全，对于民间商事借贷来说，主要为克服金融市场上可能出现的“逆向选择”和“道义风险”，这种信息不对称是造成金融危机的起源。“逆向选择”出现在金融交易之前，迫切想得到贷款的借款人往往是风险最大的，因此贷款人对此种借款人必定十分关注。于是贷款人总是避开那些愿意支付最高利率的借款人，担心他们最终会无法还款。对此类状况要付出更多的成本去收集信息，避免金融危机的产生。“道义风险”则是出现在金融交易之后，借款人获得贷款之后，往往从事风险较高的投资或者挪作自己的私用甚至挥霍。以上问题皆会导致放贷人无法收回其贷款，因此就需要加大金融监管的力度，保障金融安全。商事活动作为以营利为目的的营业活动，其目标在于充分利用现有资源以追求最大的经济效益，这是商事活动的本质要求。但是，在利益驱动下会产生过度的利己行为，诸多不安全的因素会渗入商事活动中，这也是商事交易的特殊性所在，安全的交易环境又成为商法所追求的另一目标。因此，效益和安全这两个理念便成了商法应当具有的价值。⑤

关于金融效率与金融安全的关系在理论上一直存在争议。我国主要有三种学说：第一种是金融效率优先。持金融效率优先观点的学者认为，一国的金融制度设计应该以提高金

① 陈志武：《没有“中国模式”这回事》，第56页，台北：台北八旗文化，2010。

② 赵万一：《商法独立与独立的商法——商法精神与商法制度管窥》，第35页，北京：法律出版社，2013。

③ 陈蓉：《“三农”可持续发展的融资拓展：民间金融的法制化与监管框架的构建》，第255页，北京：法律出版社，2010。

④ 〔美〕E. 博登海默著，邓正来译：《法理学——法律哲学与法律方法》，第293页，北京：中国政法大学出版社，1999。

⑤ 范健：《论我国商事立法的体系化——制定〈商法通则〉之理论思考》，《清华法学》，2008 (4)。

融的活力和效率为前提。市场经济的最高原则就是效率，民间金融制度的设计也应注重监管的经济性。金融监管基于市场失灵，其监管的直接目的即是恢复市场的金融秩序，提高金融效率，发挥更大的经济效用。第二种是金融安全优先。持金融安全优先观点的学者认为，国家金融制度的设计应当以保障金融稳定为前提，只有金融稳定才能提高金融效率。第三种是金融效率与金融安全并重。持金融效率与金融安全并重观点的学者认为，一国的金融发展史实际上就是金融效率与金融安全的博弈史。每种制度设计在最初都能解决当时的问题并促进经济发展，但随着社会经济的变化，新的问题不断出现，金融效率与金融安全如何协调就成了金融制度设计的难题。

因此，二者比重的权衡要和国家当时的经济状况相联系。比如在 20 世纪末，亚洲金融危机爆发，很多国家的金融机构相继倒闭，但中国却成功地抵御了金融危机，顺利渡过了难关。这与我国特有的金融结构具有较强的抗风险能力不无关系，也令人不得不对金融效率在金融稳定中的作用产生怀疑。当时我国的金融开放程度很低，中国保持金融稳定的成绩是在金融效率低下的情况下取得的。因此，有些人认为金融稳定与金融效率不可并存。目前我国正在加大金融开放程度，金融稳定的获取仍需以金融效率的提高为前提。[①] 金融体系的安全性是金融目标的核心，效率性则是金融目标的生命，金融制度的艺术性在于二者之间的平衡。[②] 民间商事借贷法律制度依然属于我国金融体系的一个部分，当然应当与金融体系的目标保持一致。但长远来看，过多强调金融安全将降低财富所有者的投资收益，使资金流动性受到限制，导致金融效率低下以及金融配置资源的扭曲。没有效率的交易不符合市场经济的发展规律，但没有安全的交易效率将会导致市场的无序化结果。民间商事借贷的立法与我国的经济发展息息相关，其立法目的为规制民间商事借贷行为，平衡借贷双方当事人的利益，为我国经济的快速发展保驾护航，因此，其立法应注重金融效率的提高以及金融安全的保障。

三、金融公平公正

关于公平的定义，众说纷纭。古希腊哲学家柏拉图认为公平是给每个人恰如其分的报答；亚里士多德认为所谓公平的主要含义是平等，同样的人就该配给相等的事物；洛克则认为公平就是不侵害他人的基本权利，实行按劳分配，最根本的就是保护私有财产权；而美国的哲学家罗尔斯则认为公平的关键在于平等分配各种基本权利和义务，在最大最小化原则下使最少受惠者福利最大化。[③] 而公平公正作为法律上的概念一般是指“公民在法律面前一律平等”。国家立法的目的是维护社会稳定，而在市场经济下维护市场稳定最重要的是注重主体间的竞争，实行平等保护。现代经济增长的原动力与传统社会不同，更需要公平公正的市场环境，以充分保护创新者的权益。财富所有者享有对其财产进行占有、使用、收益和处分的权利，赋予人们对自己的财产进行放贷的权利是金融公平公正理念的体现。“这些国家今天所面临的真正挑战不在于它们是否应该发行或接受更多的货币，而在于它们是否能够理解法律制度，是否能够集合其必需的政治愿望来建立一个便于穷人接受

① 沈军：《开放条件下的金融安全与金融效率——基于战略与生态资源视角下的分析》，《经济与管理研究》，2009 (4)。

② 李海海：《效率与安全：金融制度的选择困境——来自美国的经验与教训》，《中央财经大学学报》，2011 (5)。

③ 丁灿、许立成、徐志坚：《中国金融公平建设：理论与实践》，《现代管理科学》，2010 (6)。

的所有权制度，使穷人也能将资产转化为资本。”[①]

2006 年世界银行的发展报告的主题为公平与发展，这表明了公平在金融制度中的重要性。所谓金融公平是指在金融活动中，各类主体不因自身经济实力、所有权性质、地域和行业等因素而受到差别对待，能够公平地参与金融活动，机会均等地分享金融资源，形成合理有序的金融秩序，并通过金融市场实现社会整体利益的最大化。[②] 金融公平的内涵主要有：

（一） 金融主体公平公正

各类市场主体均能参与金融活动并获得相应的金融服务。公平的金融市场应该对不同的参与者同等地确保其金融资源的可得性与易得性。赋予民间金融组织与正规金融组织平等的放贷权利。在社会转型时期应构建多层次的金融机构以应对国家各个部门的融资之需，民间金融组织与正规金融组织并存能促进我国金融制度的改革，完善金融组织的产品与服务。应该改变国有大型金融机构的垄断地位，国家政策和法律也要对所有的金融机构一视同仁。

（二） 金融交易活动公平公正

金融交易活动要公平公正地进行。借贷双方当事人的法律地位一律平等，贷款者不能依据其强大的经济实力诱惑或逼迫借款者签订不平等的契约，损害弱小借款者的利益。在现实生活中，多数贷款者凭借其优势地位，采取提高利息或者以高利贷的形式对借款者利益造成损害，严重违背了金融交易活动公平公正的理念。因此，民间商事借贷制度的设计要通过合理的制度安排，营造公平公正的市场竞争环境，改变放贷机构强势话语权地位，保护弱小借款者的利益。

（三） 融资权利公平公正

金融制度的设计应公平地配置权利资源。每一位社会成员都拥有平等的融资权利，享受平等的金融服务。融资权与投资权对于市场经济主体而言至关重要。亚当·斯密在《国富论》中论及金融理论，他认为只有拥有足够的资本才能实现有效的劳动分工，才能致富。资金是企业的血液，融资对于企业的发展至关重要，但目前我国中小企业的融资环境并不乐观，其与国企或央企的融资权利并不平等，因此，我们应当建立多层次的金融体系，赋予市场经济主体平等的融资权利。另外，自从改革开放以来，我国集聚了大量的民间资金，但由于证券市场的不稳定和银行投资利润低，大家纷纷将其资金投向民间商事借贷行业获取利益。上述集中财产的权利可以称之为“集中权”，集中权本身就是一种权利，并不是所有的人都拥有集中权，只有极少数的人才拥有。拥有集中权的方式有以下几种，例如公司集中股东资本、发行股票、借贷或者发行债券、票据融资、保险公司和商业银行，投资基金、金融衍生品等，以上为合法的融资渠道；在法律之外集中财产权的方式则为“非法集资”。我们应赋予市场经济主体平等的集中权，其本质是分配财富的未来增值收益，这种方式具有极强的隐蔽性。因此，商事法律制度应当倍加注意集中权的平等赋予

① 〔秘鲁〕赫尔南多·德·索托著，王晓冬译：《资本的秘密》，第 52 页，南京：江苏人民出版社，2005。

② 冯果：《金融法的“三足定理”及中国金融法制的变革》，《法学》，2011 (9)。

和平等保护。[①] 营利也是商法最为关心的问题之一，因此，我国民间商事借贷的制度设计理念应该体现对人们发财致富愿望的关怀。

公平公正作为民间商事借贷制度设计的理念，应当以金融效率与金融安全并重作为金融法制的价值目标。另外，金融公平还可以促进金融效率和金融安全二者之间利益的协调。强调金融制度公平公正的理念，可以促进各个主体平等、公平地享受金融资源，从而获得发展的机会，增加社会的整体财富。建立在公平之上的金融效率才是正义的和可持续的效率，也只有建立在公平之上的金融安全才是恒久的安全，因此，金融公平公正与金融效率和金融安全相结合，可以更好地促进金融制度健康、快速发展。[②]

第四节　我国民间商事借贷的立法目的

一、立法目的

倘若没有明确的立法目的，法律制度的设计就会杂乱无章，无的放矢将会导致法律制度的不确定。[③] 立法目的的条款为立法目的的表现形式，是整个法律文本价值目标的体现，“目的是全部法律的创造者，每条法律规则的产生都源自一种目的”[④]。社会主义法律的立法目的要求国家法治建设应当符合社会主义事业的发展目标。立法者的目的是希望对人们的行为模式进行限定，在政治、经济和社会各个领域依法保障其自由并为其设定秩序。[⑤] 对于立法者而言，法律规范是其实现特定目的的一种手段或方法。社会主义事业的发展包括国家安全、政治和经济的稳定，此为当前我国法律根本的、不变的目的。解决矛盾和纠纷并不是立法的根本目的，立法目的在于维护和促进社会主义事业的建设。就我国的法律编纂体例来看，在总则部分阐明立法目的是社会主义立法的基本特征之一。[⑥]

二、民间商事借贷的立法目的

就我国民间商事借贷立法而言，立法目的的制定尤为重要。任何一个行为的目的均具有层次性，我国民间商事借贷的立法目的依然如此。立法目的分为直接目的和间接目的，直接目的为不经过任何中间环节即可达到的目的，间接目的是由直接目的所引起的。对于我国民间商事借贷立法的直接目的应界定为：第一，规范民间商事借贷行为，引导民间资

---

① 陈醇：《商法原理重述》，第 39—47 页，北京：法律出版社，2010。

② 冯果：《金融法的“三足定理”及中国金融法制的变革》，《法学》，2011 (9)。

③ 郜风涛：《文津法札》，第 119 页，北京：中国法制出版社，2011。

④ 〔美〕E. 博登海默著，邓正来译：《法理学：法律哲学与法律方法》，第 109 页，北京：中国政法大学出版社，1999。

⑤ 刘治斌：《立法目的、法院职能与法律适用的方法问题》，《法律科学》，2010 (2)。

⑥ 由《中华人民共和国民法通则》《中华人民共和国合同法》《中华人民共和国刑法》《中华人民共和国物权法》和《中华人民共和国侵权责任法》等重要的法律文本可以看出，这些法律文本均把立法目的放在其总则部分，并且立法目的皆为维护我国的社会主义建设。

金的发展方向。我国民间资本“供需两旺”，迫切需要统一专门的立法引导民间资本的投资方向，规范民间借贷行为。第二，加强民间商事借贷活动的监管力度，防范金融风险。民间商事借贷立法应严厉打击非法放贷行为，立法的目的即为确定监管机关及监管职责，防范金融风险。我国民间商事借贷的间接目的为直接目的所促成的结果，因此，其间接目的可界定为：为我国市场经济的快速发展提供金融支持，加强社会主义现代化建设。

立法目的条款直接说明了制定一部法律事先设定的所要得到的结果，是总则的重要组成部分，在我国的法律文本设置中，立法目的一般设置在第一条，且通常是完整意义上的一句话，其下无款，更不再细分为项和目，是一则独立的立法条文。立法目的条款作为一种法条形式，其外观标志明显，具有特定的句式和标识语，它的典型句式为：“为了（为）A、B、C，制定本法。”综上所述，立法目的条款应当设置在法律文本的第一条，以“为了（为）”作为标识，用规范化的语句专门表述整个法律文本之目的的特定法条形式。[①] 因此，我国民间商事借贷立法目的应界定为，“为了规范民间商事借贷行为、引导民间资金健康发展，加强对民间商事借贷活动的监督管理，防范金融风险，为我国社会主义市场经济建设发展提供金融支持，加强社会主义现代化建设，制定本法”[②]。

第五节　我国民间商事借贷的立法原则

价值法学家认为法律概念具有储存价值的功能，法条乃至法律规定构成的法律规范之所以存在，与价值需求息息相关，所谓“整个法秩序或大部分法秩序都受特定指导性法律思想、原则或一般价值标准的支配”[③]。这种储存于法律规定中的价值准则为法律原则或法伦理性的原则，在执行法律规范时其只具有方向性的标准，依凭其固有的信服力，可以使法律性的决定正当化，借助法伦理性原则，才能把握并且表达出法律规定与法律理念之间的意义关联。法律原则表示法律规定的价值，故不是法律规定本身，不直接涵摄案件事实，须被法律规定或法条承载。法律原则并不是全部由法条直接规定，有些是从法律规范整体推导出来的或者是学者嗣后整理出来的。我国几乎任何一部法律在立法时都需要对该法的法律原则做出明确规定，讨论这些原则的含义及其在该法律中的地位和作用也是法学家们的重要任务。

一部法律的基本原则要根据以下标准进行确立：第一，法律的基本原则由法律所调整的社会关系的本质属性所确立。社会关系的本质属性决定了法律基本原则的法律属性，因此，在确立一部法律的基本原则时，最先考虑的应是该法所调整的社会关系的本质属性。第二，法律的基本原则根据法律的根本宗旨确立。法律的基本原则要在该法的根本宗旨下确立，唯此才能保证基本原则的确立是在该法的根本宗旨下进行的，更符合该法设定目标的实现。第三，法律的基本原则也要体现人类的基本价值理念。任何一部法律都不过是实

① 刘风景：《立法目的条款之法理基础及表达技术》，《法商研究》，2013（3）。

② 参见我国《鄂尔多斯市规范民间借贷暂行办法》的通知第一条。

③ 〔德〕卡尔·拉伦茨著，陈爱娥译：《法学方法论》，第355页，北京：商务印书馆，2003。

现人类价值理念的一种特殊方法。自由、平等是人类的基本价值理念，但自由并不是天赋的，实现自由的途径在于竞争，只有通过竞争才能通往自由王国，因此，法律基本原则的确立不能漠视人类基本价值理念的存在。第四，法律的基本原则是具体法律规则的指导思想和概括。具体的法律规则是法律原则的具体化，要受法律的基本原则的指导。法律的制定一般都具有滞后性，随着社会发展，有些法律规则已无法适用于具体案例，此时就需要该法的法律原则的指导，应令法律原则发挥其弥补法律滞后性的作用。民间商事借贷立法的原则是指贯穿于整部法律体系的共同价值准则。

一、平等自愿原则

平等自愿原则是指民间商事借贷合同的订立需要遵从当事人人格平等、自愿的原则，任何人不享有特殊权利，不得威胁、引诱他人违背自己的意愿订立合同。民间商事借贷属于民法行为，理应遵从民法中的人格平等原则和契约自由原则。民事主体可以从自己的生产和生活的实际需要出发，决定参加或者不参加民事活动，可以设立、变更和终止某种民事法律关系。任何民事主体不能强制他人进行某种民事活动。私法领域的自愿原则建立在平等的基础之上，平等为自愿提供了必要的条件。违背民事主体意思自治的民事活动，其法律效果为无效或者造成可撤销的法律后果。马克思认为，法的关系正像国家的形式一样，既不能从它们本身来理解，也不能从所谓人类精神的一般发展来理解，相反，它们根源于物质的生活关系。市场经济条件下，最重要的是市场主体之间地位的平等性，法律制度的设计要符合市场经济的发展和价值规律的客观要求。

确立平等自愿原则的必要性在于民法以维护个人利益为目标，呈现利益个体化的要求，因此，最好的实现方法应是由利益个体自己做出安排，即尊崇当事人的意思选择，法律上承认当事人可以自由决定相应的法律关系。① 人格平等原则是我国民法的基本原则，这意味着近现代民法中的个人地位可以归纳为，承认所有人的法律人格完全平等。其法律人格为“可由其自身意思自由地成为与自己有关的立法者”，是不考虑知识、社会及经济方面的力量之差异的抽象的人，在其背后的是“在理性、意思方面强而智的人像”。②

但是自愿原则也并不是完全不受限的，自愿是法律赋予的，我们要在我国现行法律规定的范围内自愿从事合法行为。法律限制主要体现在：第一，实体法方面。我国现行法律对放贷主体、借贷利息、责任承担等都进行了规定。当事人自愿签订借贷合同时要遵守现行法律的规定，不得从事非法行为，例如非法集资、吸收公众存款和高利贷等行为。第二，程序法方面。我国现行法律中也规定了从事放贷业务应当遵循的程序法，当事人自愿从事行为不得违反我国法律中的程序性规定。③ 我国民间商事借贷法调整的社会关系是平等主体之间的借贷关系，因此，私法属性是其本质属性，作为一种合同行为，应遵循当事人平等自愿的原则。

---

① 龙卫球：《民法总论》，第 2 版，第 53 页，北京：中国法制出版社，2002。

② 〔日〕星野英一著，王闯译：《私法中的人——以财产法为中心》，《民商法论丛》，第 8 卷，第 155 页，北京：法律出版社，1998。

③ 王胜明：《关于合同法的基本原则》，《中国法学》，1999 (3)。

二、风险自担原则

风险自担原则是指民间商事借贷组织在其经营活动中自担风险、自负盈亏。对此，我国“金融国十条”中明确指出，所设立的民营银行风险自担，即民营银行的命运将直接交付于市场。强调投资者的风险自担，符合投资收益和风险承担相一致的市场原则，避免了在金融机构市场退出机制不健全的情况下出现的风险处置真空，或者演化为依赖国家信用提供隐形担保。① 强调民间商事借贷组织的自担风险原则在于注重理性投资理念的培育、提高风险意识和自我保护能力。

2012 年《鄂尔多斯市规范民间借贷暂行办法》第四条规定，民间借贷活动的基本原则是：放贷人和借款人之间从事借贷及其相关活动应当遵循合法、平等、自愿、公平、诚实信用、谨慎入市和风险自担的原则。同时，于 2014 年 3 月 1 日正式实施的《温州市民间融资管理条例》第三条规定，民间融资活动应当遵循依法守信、平等自愿、风险自负的原则，不得损害国家利益和社会公共利益。

虽然在目前的地方立法中都确立了民间放贷机构的风险自担原则，但不能过分地迷信风险自担，即使实现了风险自担，一家放贷机构的倒闭仍然有可能引起连锁反应，以至于形成系统性风险。因此，我们构建民间商事借贷立法制度时不能忽视其配套制度的设立。例如我国尚未建立起的存款保险制度和自然人破产制度。

民间商事借贷机构根据其组织类型不同，风险自担的责任也不同。民间商事借贷放贷机构的组织类型有自然人、法人或者其他组织。当民间商事借贷机构为自然人时，风险自担意味着放贷人以其自有的全部财产承担无限责任。自然人的放贷资产同自身资产混同，当发生无法收回贷款的风险时，应该以其全部财产承担责任。当民间商事借贷机构为法人时，要根据公司性质是有限责任公司还是股份有限责任公司来确定其应承担不同的责任。有限责任公司，股东以其出资额为限承担有限责任；股份有限责任公司，股东以其股份为限承担有限责任。但无论如何，公司都以其全部资产承担无限责任。当民间商事借贷机构为合伙组织时，要根据合伙者是无限合伙人还是有限合伙人来确定承担不同的责任，无限合伙人承担无限责任，有限合伙人承担有限责任。

三、利益兼顾原则

利益兼顾原则是指民间商事借贷的立法在保护借贷双方当事人利益的同时，不得危害国家、集体和他人利益的原则，其立法活动和司法活动要注重对各方利益的兼顾。利益兼顾原则在于既要积极承认追求个人利益的正当性，又要兼顾国家、集体和他人利益；既注重了对个人和局部利益的维护，又肯定了国家及集体整体利益的重要性。利益兼顾也是对中国伦理思想中传统义利观的积极扬弃。孔子在《论语·里仁》中提到：“君子喻于义，小人喻于利。”这里的“义”指的是公共利益，“利”指的是个人利益，其主张的思想是天下公利，不能仅谋一己之私，更不能损人利己、损公肥私。墨子则主张义和利的一致性，

---

① 孟扬：《民营银行谨慎起步，如何实现“风险自担”成最大疑问》，见 http：//finance. sina. com. cn/roll/20130925/075916843072. shtml，2014-01-23。

在《墨子·经说上》中提到："义，利也""兼相爱，交相利"，意思为爱自己也爱别人，与人交往要平等互利。由此可见，在我国古代就要求人们做任何事情时都应该兼顾他人的利益。社会主义的利益兼顾原则，要求兼顾不同利益主体的利益，归根结底是为了维护广大人民群众的根本利益。民间商事借贷立法的利益兼顾原则也体现了公平公正的立法理念。罗尔斯认为："正义否认了一些人分享更大的利益而剥夺另一些人的自由是正当的，不承认许多人享受的较大利益能绰绰有余地补偿强加于少数人的牺牲。"① 正义不仅包括平等原则，还应当包括对平等竞争中处于弱势的人给予关爱。利益兼顾原则就要求法律制度在针对权利和义务的分配上，遵循公平正义的理念，实现互惠互利，照顾弱势群体的利益。② 民间商事借贷立法中对高利贷的规定即体现了照顾弱势群体的利益兼顾原则。利益兼顾原则要求合理、有效和均衡地分配与调节利益，在统筹兼顾国家、集体和个人三者利益的基础上，追求社会和谐统一。当前，我国处于社会转型时期，各种利益错综复杂，更需要坚持利益兼顾这一基本原则。民间商事借贷合同虽然贯彻意思自治，但其事关我国金融命脉，其活动的开展也要兼顾社会整体利益，无完全绝对的自由。我国的《温州市民间融资管理条例》第三条即规定了此项基本原则。

第六节　我国民间商事借贷的立法具体制度

一、民间商事借贷准入制度

对于民间金融而言，关键是如果它符合一定的条件、遵循一定的行为准则和行为规范，政府原则上就应该按照固定的模式，颁发其经营许可证，允许其开业。③ 在我国经济金融改革与发展面临新的发展机遇与挑战的形势下，开放民间金融发展的市场准入变得十分必要。这不仅是所有制调整和发展的需要，也是平衡中外金融发展速度、促进民族金融发展的需要。为了确保民间商事借贷组织放贷业务活动的顺利开展，创造合理公平的市场竞争机制，我国民间商事借贷法律应当对民间商事借贷组织的市场准入条件做出明确规定。这样有利于金融监管当局对民间商事借贷组织的主体资格及业务经营能力进行审查、确认或限制。加强民间资本市场准入机制的立法，除了国务院的鼓励和引导意见外，更需要将民间资本的市场准入范围和准入标准用法律的形式加以规定。例如《国务院关于鼓励支持和引导个体私营等非公有制经济发展的若干意见》第五条规定，在加强立法、规范准入、严格监管、有效防范金融风险的前提下，允许非公有资本进入区域性股份制银行和合作性金融机构。符合条件的非公有制企业可以发起设立金融中介服务机构。允许符合条件的非公有制企业参与银行、证券、保险等金融机构的改组改制。但是，真正实现民间商事

---

① 〔美〕罗尔斯著，何怀宏译：《正义论》，第 27 页，北京：中国社会科学出版社，1988。

② 参见王正平、刘玉：《利益兼顾：构建社会主义和谐社会的根本道德准则》，《上海师范大学学报》（哲学社会科学版），2010（5）。

③ 蔡四平：《规范我国民间金融发展的路径选择》，《中央财经大学学报》，2011（2）。

借贷进入上述金融服务业，还需要大量的市场准入立法，否则该条规定只能停留在纸面上。民间商事借贷的主体准入制度主要从民间商事借贷主体资格的准入、组织形式的准入、业务范围的准入和从业人员条件的准入四个方面进行了规定。

（一）民间商事借贷主体资格的准入：证照结合

中国人民银行的一个主要职能是起草有关法律和行政法规草案，完善有关金融机构的运行规则，发布与履行职责有关的命令和规章。因此，在2008年全球爆发金融危机后，央行为应对金融风险起草了《放贷人条例（草案)》并提交国务院。但事经多年，此条例因民间借贷配套法律制度的缺乏以及其他原因而迟迟未获得通过。但由此可以看出，国家对民间借贷的态度正逐步从压制转变为疏导。

我国《贷款通则》第二条规定，本通则所称贷款人，系指在中国境内依法设立的经营贷款业务的中资金融机构。第二十一条规定，贷款人必须经中国人民银行批准经营贷款业务，持有中国人民银行颁发的《金融机构法人许可证》或《金融机构营业许可证》，并经工商行政管理部门核准登记。我国工商行政管理部门的一个重要职能是负责各类企业、农民专业合作社和从事经营活动的单位、个人以及外国（地区）企业常驻代表机构等市场主体的登记注册及监督管理，承担依法查处取缔无照经营的责任。因此，我国市场主体若要从事经营活动，必须到当地工商行政管理部门进行核准登记，办理营业执照。中国银行业监督管理委员会、国家发展和改革委员会、工业和信息化部、财政部、商务部、中国人民银行、国家工商行政管理总局于2010年3月8日联合公布了《融资性担保公司管理暂行办法》，自公布之日起实施。其第八条规定，设立融资性担保公司及其分支机构，应当经监管部门审查批准。经批准设立的融资性担保公司及其分支机构，由监管部门颁发经营许可证，并凭该许可证向工商行政管理部门申请注册登记。中国银行业监督管理委员会、中国人民银行颁布的《关于小额贷款公司试点的指导意见》规定，小额贷款公司应向注册地中国人民银行分支机构申领贷款卡。2015年8月12日公布的《非存款类放贷组织条例(征求意见稿)》规定，除依法报经监督管理部门批准并取得经营放贷业务许可的非存款类放贷组织外，任何组织和个人不得经营放贷业务。国务院银行业监督管理机构、中国人民银行在金融监管协调部际联席会议制度的框架内，依据本条例制定公布非存款类放贷组织监督管理的规则，指导省、自治区、直辖市人民政府对非存款类放贷组织进行监管和风险处置，协调国务院有关部门解决非存款类放贷组织监督管理及发展中的重大问题。各省、自治区、直辖市人民政府负责辖区内非存款类放贷组织的监管，可授权专门部门作为非存款类放贷组织的监督管理部门。可见，非存款类放贷组织的监管部门为人民政府或者人民政府授权的专门部门。

民间商事借贷主体虽然不属于我国的正规金融范畴，但笔者认为其贷款权的获得仍然应该得到中国人民银行的批准。目前我国贷款权的授予由中国人民银行统一进行，我们民间商事借贷主体从事放贷业务仍应尊重现行法律的规定，因此，其若要从事放贷业务仍需获得中国人民银行的批准。而当地政府部门作为民间商事借贷活动的监管机关，应该结合本地的经济发展状况和金融供给状况，对民间商事借贷组织机构的成立与否做出决定。对此《鄂尔多斯市规范民间借贷暂行办法》第二十一条规定，民间借贷有关监督管理工作由全市规范整顿民间借贷工作领导小组统一领导，各职能部门要充分发挥监管职能，落实民间借贷市场监管相关责任，加强地方金融管理部门与国家金融监管部门之间的沟通协调。

《温州市民间融资管理条例》第四条规定，温州市人民政府和辖区内县级人民政府依法履行本地区地方金融监督管理职责。第五条规定，温州市人民政府和辖区内县级人民政府确定的承担地方金融监督管理职责的部门负责指导、监督、管理辖区内民间融资活动；其他有关部门依照法定职责负责相关工作。第七条规定，民间资金管理企业应当在工商行政管理部门注册登记之日起十五日内，持营业执照副本向温州市地方金融管理部门备案。可见，我国地方上关于民间借贷法律的规定都规定了要得到地方政府确立的金融管理部门的同意或认可才能经营放贷业务。《温州市民间融资管理条例》与我国2008年《放贷人条例（草案)》中的规定的区别是，地方金融管理部门与工商行政管理部门的受理顺序不同。笔者赞同2008年《放贷人条例（草案)》中的规定，先得到地方金融管理部门的批准后，再向工商行政管理部门登记注册。地方金融管理部门对当地的金融状况有更全面的了解，因此，其对当地是否需要设立民间商事借贷机构更有发言权。

综上所述，我国民间商事借贷主体资格的准入应当首先经中国人民银行授权取得贷款资质，再向当地政府部门申请资格批准，最后向工商行政管理部门登记注册。

（二） 民间商事借贷组织形式的准入

1. 组织形式

我国2008年《放贷人条例（草案)》中规定个人或者企业都可以申请开展放贷业务。我国香港地区的《放债人条例》和新加坡的《放贷人法案》中也规定，个人或企业都可以申请开展放贷业务，不限制放贷人的组织形式。我国《鄂尔多斯市规范民间借贷暂行办法》第三条规定，放贷人是指出借资金到期收回本金并收取利息的自然人；《温州市民间融资管理条例》第二条规定，民间融资是指自然人、非金融机构的企业法人和其他组织之间，通过民间借贷、定向债券融资、定向集合资金等方式，进行民间资金融通的活动。可见，其规定的民间融资的主体包括自然人和企业组织等。但2015年8月12日公布的《非存款类放贷组织条例（征求意见稿)》规定，除依法报经监督管理部门批准并取得经营放贷业务许可的非存款类放贷组织外，任何组织和个人不得经营放贷业务。

笔者认为，鄂尔多斯市将放贷人仅仅限定为自然人，将不利于民间借贷业务的开展，此举也将导致很多企业为了从事放贷业务而采取其他隐蔽的方式规避法律，从而造成金融风险的不易控和民间借贷资金规模和数额的不精确。但我国《非存款类放贷组织条例（征求意见稿)》将个人排除在放贷主体外，也忽略了现实情况中大量存在的自然人放贷形式。因此，既然我们承认民间商事借贷活动的效力，就应对其组织形式做扩大规定。我国民间商事借贷的组织形式应当包括个人和企业。目前我国企业的组织形式包括独资企业、合伙企业和公司企业三种类型。

我国现实情况表明，从事民间商事借贷的主体本身也是多种多样的。而且我国民法规定了民事主体的平等资格，因此不应对民间商事借贷的组织形式做出限制。这样既符合我国的基本国情，也符合我国法律主体之间的平等原则。

2. 注册资金标准

(1) 放贷资金来源于自有资金的限制。

我国2008年《放贷人条例（草案)》中规定，放贷人必须以自有资金进行放贷。中国银行业监督管理委员会、中国人民银行颁布的《关于小额贷款公司试点的指导意见》规定，小额贷款公司的主要资金来源为股东缴纳的资本金、捐赠资金以及来自不超过两个银行业金融机构的融入资金。《鄂尔多斯市规范民间借贷暂行办法》第七条中也规定了放贷人只能利用自有资金进行放贷，不得有非法集资、非法吸收公众存款或变相非法吸收公众存款和非法高利转贷等行为。《非存款类放贷组织条例（征求意见稿）》第十九条规定，非存款类组织应当主要运用自有资金从事放贷业务，也可以通过发行债券、向股东或银行业金融机构借款、资产证券化等方式融入资金从事放贷业务。监督管理部门可以合理确定非存款类放贷组织融入资金余额与资本净额的比例上限。

确立民间商事借贷主体以自有资金进行放贷有助于减小金融风险。民间借贷中放贷人无论是从事民事借贷还是从事商事借贷，其资金都应来源于自己，而不能来源于其借来的资金，这是由于放贷人如果将借来的资金进行放贷，在高利润诱惑下容易产生非法集资问题。如一直未予以合法化承认的地下钱庄，之所以未给其正名，在很大程度上是由于其有非法集资的嫌疑，也是洗钱的胜地，容易滋生犯罪等违法行为。[①] 如果允许放贷机构吸收公众存款进行放贷则意味着其与正规金融组织无异，但其准入条件比正规金融组织低且并不实行审慎监管，如此一来，将导致各种金融组织的不平等竞争，破坏我国金融环境的健康发展。另外，民间商事借贷组织一旦发生金融风险，将涉及众多存款人的利益，也将会危害众多公民的财产权益，影响我国的社会稳定及和谐发展。但是，在界定何为自有资金时应做扩大解释，借鉴我国银行业监督委员会、中国人民银行对小额贷款公司的试点办法的规定，自有资金应包括股东缴纳的本金、合伙协议约定的本金、个体工商户拥有的本金和捐赠资金，以及来自不超过两个银行业金融机构融入的资金和经国家有关部门同意的其他资金来源。同时，民间商事借贷主体要严格说明其放贷资金的来源，对个人资产和企业资产进行严格审查，实行注册资金的专户专用，严防资金相互拆借，避免资金泡沫化与虚拟化。

（2）准入资金的标准。

我国2008年《放贷人条例（草案）》中规定，企业和个人开展借贷业务的注册资金为1 000万元，考虑到现实情况，对许多拥有资金并且希望进行放贷的主体，尤其是那些资金实力不太雄厚的个人来说，1 000万元的门槛是否太高？[②] 我国《温州市民间融资管理条例》规定，民间资金管理企业的注册资本不得低于5 000万元，且为实缴货币资本。笔者认为，5 000万元的实缴资本数额偏高，不符合降低民间借贷主体准入条件的原则。我国《融资性担保公司管理暂行办法》第十条规定，监管部门根据当地实际情况规定融资性担保公司注册资本的最低限额，但不得低于人民币500万元，注册资本为实缴货币资本。中国银行业监督管理委员会、中国人民银行颁布的《关于小额贷款公司试点的指导意见》规定，小额贷款公司的注册资本来源应真实合法，全部为实收货币资本，由出资人或发起人一次足额缴纳。有限责任公司的注册资本不得低于500万元，股份有限公司的注册资本不得低于1 000万元。

《湖北省小额贷款公司试点暂行管理办法》第八条规定，小额贷款公司的注册资本来源应真实合法，全部为实收货币资本，由出资人或发起人一次足额缴纳。有限责任公司的注册资本不得低于3 000万元，股份有限公司的注册资本不得低于5 000万元。

《广东省小额贷款公司管理办法（试行）》第七条的第（二）项规定，有限责任公司的

① 秦康美：《民间借贷中放贷人应适时放开》，《理论探索》，2013（2）。

② 张燕、杜国宏、吴正刚：《金融危机背景下我国农村民间金融法律制度的因应与完善——基于对〈放贷人条例（草案）〉的思考》，《金融与经济》，2009（7）。

注册资本不得低于 3 000 万元人民币〔山区县（市、区）不得低于 1 500 万元〕，股份有限公司的注册资本不得低于 5 000 万元人民币〔山区县（市、区）不得低于 2 000 万元〕，全部资本来源应真实合法，为实收货币资本，由出资人或发起人一次性缴足。①

《北京市小额贷款公司试点实施办法》第八条第（四）项规定，有限责任公司注册资本不得低于 5 000 万元，股份有限公司注册资本不得低于 1 亿元。注册资本来源应真实合法，全部为实收货币资本，由出资人或发起人一次足额缴纳。②

《非存款类放贷组织条例（征求意见稿）》规定，非存款类放贷组织应当具有与业务规模相适应的实缴注册资本，有限责任公司不得低于 500 万元，股份有限公司不得低于 1 000万元。这样规定主要是考虑到放贷业务的特殊性，特别是非存款类放贷组织主要以自有资金放贷，需要设置一定的实缴注册资本门槛。同时我国经济发展水平地域差别大，注册资本门槛不宜过高，500 万元和 1 000 万元的规定维持了中国银行业监督管理委员会、中国人民银行颁布的《关于小额贷款公司试点的指导意见》中对小额贷款公司注册资本的最低要求，体现了政策的延续性。

从以上我国不同地区对小额贷款公司注册资本数额的规定可以看出，各地设置的小额贷款公司的注册资本准入标准并不相同。各地区在遵循中国银行业监督管理委员会、中国人民银行颁布的《关于小额贷款公司试点的指导意见》时，根据本地的经济发展状况，设置符合本地区经济发展的注册资本数额标准。这一点对于我国民间商事借贷组织的注册资本准入标准的设置具有借鉴意义。我国之所以一直尚未通过关于民间商事借贷全国统一的立法，其中一个主要的原因是我国各地区民间借贷的发展状况不同，采取一刀切的方式往往事与愿违，不利于引导民间商事借贷的健康、有序发展。因此，由于自然人放贷要承担无限责任，故对其不实行资本金准入要求。而对于公司制的放贷企业应借鉴我国针对融资性担保公司和小额贷款公司资本金的准入标准，要求其按整体注册资金标准准入，有限责任公司不得少于 500 万元，股份有限公司不得少于1 000万元，各地政府可以根据本地区的经济发展状况设置符合本地区的注册资本数额标准。

（3）民间商事借贷从业人员的条件及限制。

民间商事借贷组织作为民间金融组织，其从业人员也应具备一定的专业能力。金融行业为高风险、高收益行业，专业性较强，为了降低发生金融危机的概率，需要聘请具备金融、法律或会计等专业知识的人才进行经营管理。放贷人资格的审查应当重视对申请人和主要股东、高管人员的“软信息”审查。③ 包括申请人的职业、家庭背景以及是否有犯罪前科等。中国银行业监督管理委员会、中国人民银行颁布的《关于小额贷款公司试点的指导意见》规定，小额贷款公司应有符合规定的章程和管理制度，应有必要的营业场所、组织机构，还要有具备相应专业知识和从业经验的工作人员。出资设立小额贷款公司的自然人、企业法人和其他社会组织，拟任小额贷款公司董事、监事及高级管理人员的自然人，应无犯罪纪录和不良信用纪录。

《北京市小额贷款公司试点实施办法》规定，拟任小额贷款公司董事、监事及高级管理人员需具备下列条件：1）无犯罪记录和不良信用记录。2）具备本科以上学历，从事金

① 参见《广东省小额贷款公司管理办法（试行）》。

② 参见《北京市小额贷款公司试点实施办法》。

③ 岳彩申：《民间借贷规制的重点及立法建议》，《中国法学》，2011（5）。

融领域工作 3 年以上，或从事相关经济管理工作 5 年以上；或大专以上学历，从事金融领域工作 8 年以上。3）具备与履行职责相适应的专业知识与能力。4）拟任总经理应参加由市主管部门组织的任职资格考试和谈话。对不完全符合上述条件的拟任高级管理人员，小额贷款公司申请人认为其具备拟任职务所需知识、经验和能力的，可向区县主管部门提交个案申请。由区县主管部门上报经市主管部门核准。

《广东省小额贷款公司管理办法（试行）》规定，小额贷款公司应当拥有相应专业知识和业务经验的高级管理人员，同时投资人应当具备良好的社会声誉和诚信记录。

《云南省小额贷款公司管理办法》的规定更为严格，除要求拟任人员具备一定的专业知识和从业经验之外，还要求高级管理人员必须通过省政府金融办组织的金融培训。其第十五条规定，拟任人员除符合《中华人民共和国公司法》（下简称《公司法》）规定的条件外，董事长、副董事长应当从事相关经济工作 5 年以上或从事银行业工作 2 年以上，具备大专以上（含大专）学历；总经理、副总经理应从事银行业工作 4 年以上或从事相关经济工作 5 年以上（其中从事银行业工作 2 年以上），具备大专以上（含大专）学历；董事应具备与其履行职责相适应的知识、经验及能力。第十条规定，小额贷款公司的高级管理人员经省政府金融办审查同意后，方可任职。经营管理人员需参加省政府金融办组织的专业培训，经考核合格后，方可上岗。

民间商事借贷组织的从业人员准入标准的设置，应该借鉴云南省关于小额贷款公司管理办法的经验，除了具备一定的专业知识和从业能力外，还应通过省政府金融办组织的金融专业知识培训。即民间商事借贷的投资人、拟任人员以及高级管理人员应当具备金融、法律或会计等专业知识或至少 3 年的从业经验，并经过当地政府金融办组织的金融专业知识培训，经考试合格后，方可上岗。

民间商事借贷组织的从业人员应具备以下条件：1）从业人员应为完全民事行为能力人。2）具有良好的社会声誉和信用纪录。3）具有本科以上学历，从事金融行业或者管理行业 3 年以上；具备专科以上学历的，从事金融行业或者管理行业 5 年以上。4）通过当地政府金融办组织的金融专业知识培训考试。笔者认为，还应规定自然人不能成为放贷人的相关情形，以及要求其遵守《公司法》对公司董事、监事以及高级管理人员的相关规定。

二、 民间商事借贷运行制度

（一） 民间商事借贷经营范围的限制

对民间商事借贷业务范围的限制也是该法律制定的一个重要内容。中国银行业监督管理委员会、中国人民银行颁布的《关于小额贷款公司试点的指导意见》中规定，小额贷款公司的业务范围为不吸收公众存款经营小额贷款业务。小额贷款公司应当接受社会监督，不得进行任何形式的非法集资。《广东省小额贷款公司管理办法（试行）》采取概括加列举的方式规定了小额贷款公司的经营范围，第二十八条同时又对小额贷款公司的经营范围做出了限制性的规定。北京市采取正面引导的方式规定了小额贷款公司的经营范围。[①] 云南

① 《北京市小额贷款公司试点实施办法》第三十一条规定，小额贷款公司可自主选择贷款对象，在试点阶段，每年向“三农”方面发放的贷款金额不得低于全年累计放贷金额的 70%。第三十二条规定，小额贷款公司发放贷款，应坚持“小额、分散”的原则，鼓励小额贷款公司面向农户、微型企业、中小企业提供信贷服务，着力扩大客户数量和服务覆盖面。同一借款人的贷款余额不得超过小额贷款公司资本净额的 3%。

省则采取了概括性引导规定加列举的方式规定了小额贷款公司的经营范围。[①]

综上所述，可以看出，各省针对小额贷款公司管理办法的试行规定皆对小额贷款公司的经营范围做出了规定。但笔者更赞成云南省采取的用概括加列举的方式对其经营范围做出限制。我国民间商事借贷法律的制定可以采取此种列明方式，对小额贷款公司的经营范围也应严格限制在办理贷款业务或者经批准的其他业务的范围内，严禁其吸收或变相吸收公众存款等。

（二） 民间商事借贷经营地点限制

由于地区的经济发展状况不同，民间商事借贷的发展以及必要性呈现出不同的情况。综观上文所述的国外关于放贷人立法或办法的经验可知，美国、新加坡和我国香港地区都将放贷人的放贷活动限制在一定地区内，若其在其他地区开展放贷业务，则需向当地政府部门提出申请，获得批准之后才能开展分支机构。新加坡的《放贷人法案》中对放贷人的业务地点进行了限制规定，其只能在经过许可的地点进行放贷业务，如其在未经批准的地方进行放贷，即构成违法。[②] 而我国的《非存款类放贷组织条例（征求意见稿）》规定，非存款类放贷组织跨省、自治区、直辖市开展业务的，由注册地监督管理部门和业务发生地监督管理部门根据属地原则履行监督管理职责，并建立信息共享和监管协作机制。可见，该意见稿中并没有严格限定放贷业务的地区限制，这种方式不利于放贷组织的业务管理和风险监控。

国外有关放贷人的法律以及我国各个地区关于小额贷款公司试点的实施办法，均对放贷业务的地点进行了限制。其主要原因是为了规避金融风险，减小金融风险的波及面以及便于对小额贷款公司进行金融监管。所以，民间商事借贷相关法律中也应对其放贷业务的地点进行限制性规定。因此，我国民间商事借贷的相关法律可以规定放贷人只能在经工商登记管理机关许可的地点开展放贷业务，如其增加新的业务地点，则需向该地的政府部门提出申请，并向当地的工商行政管理部门注册登记。

（三） 民间商事借贷业务的利率限制

在我国民间商事借贷市场中，利率的确定是规制民间商事借贷行为的关键。对民间商事借贷的利率进行管制的理论基础主要是金融市场信息的不对称和有限理性，要求法律保护弱势的借款方以“相对合理”的价格从强势的放贷人处获得资金，防止高利率逆向激励并导致高风险的经济活动，形成“金融传销化”，进而造成社会动荡。[③] 民间商事借贷市场

---

① 《云南省小额贷款公司管理办法（试行）》第十八条规定，小额贷款公司不得从事经营范围以外的其他业务，其经营范围为：（一）办理县域内各项小额贷款。（二）为县域内小企业发展、管理、财务等提供咨询服务。（三）其他经审查的业务。第二十条规定，小额贷款公司要坚持服务“三农”的原则，贷款的投向主要用于支持农民、农业和农村经济发展，面向“三农”发放的贷款不得低于贷款总额的50%。第二十一条规定，小额贷款公司发放贷款要坚持“小额、分散”的原则，努力扩大客户数量和服务覆盖面，为广大农户和小企业提供短期小额贷款服务。同一借款人的贷款余额，不得超过小额贷款公司资本净额的5%，最高贷款额度不得超过200万元。

② *Changes to Moneylenders Act to Help Improve Protection for Borrowers*，http：//www.channelnewsasia.com/news/specialreports/parliament/news/changes-to-moneylenders-a/202210.htm，2014-01-05.

③ 廖振中、高晋康：《我国民间借贷利率管制法治进路的检讨与选择》，《现代法学》，2012（2）。转引自 William Anderson，*An Economic Analysis and Brief Legislative Overview of Usury Ceilings*，http：//digital.library.unt.edu/ark：/67531/metacrs8157/m1/，2011-07-20。

中的利率一直高于我国正规金融的利率水平，有些甚至高于金融市场利率的十几倍。由于民间商事借贷的保障资金的借贷风险措施不完善，因此，高利率变成了弥补预防风险的一个重要手段。2013 年 11 月召开的党的十八届三中全会中提出，要完善人民币汇率市场化形成机制，加快推进利率市场化，健全反映市场供求关系的国债收益率曲线。

亚里士多德在其《政治学》一书中论述到："利息一词意味着以钱生钱，它可以用来指钱的繁殖，因为子钱类似于母钱。"① 远在公元前 1750 年制定的《汉谟拉比法典》中，就对利息的收取、利率、免息和罚息等做出了明确的规定。公元前 2 世纪至公元 2 世纪诞生的《摩奴法典》第一百五十五条也对利息进行了规定，"但遭受某种命运打击，无力缴纳利息时，可将应缴利息作为本金，写在新订契约内"②。这种规定承认了复利存在的合理性。大卫·休谟在《论利息》中指出，利息总是反映商人对利润的预期，当借款人出借其金钱时，面临着金钱有可能收不回的风险，因此，约定一定的利息作为对金融风险的保险。可见利息的存在是合理的。另外，在历史上，复利被视为恶债，但笔者认为复利在理论上是公平的，应当收回的利息如果再投资必然会得到新的利息收益，拒绝如期支付利息就剥夺了他人收取利息再投资的权利，是对他人权利的侵害，也必然造成他人的利益损失，而被剥夺的权利理应得到救济，因此收取复利符合正义的标准。另外，违约或侵权者是理性的意思自治的主体，对其侵权行为也理应承担责任，支付复利也是正当的。如果不计算复利，一方面权利得不到救济，另一方面又鼓励了违约或侵权，那么就不利于法律秩序的建立。目前复利已为许多国家的立法所认可。③

前文所述国外有关民间借贷利率的标准一般采取双档次标准。比如我国香港地区的《放债人条例》规定利率小于 48%合法，大于 60%违法，48%—60%之间不一定合法，除某些特殊情况外，任何人（不论是否持牌放债人）贷款年利率不得超过 60%，超过均属违法，利率小于 60%大于 48%也不一定合法，这个区间法官有自由裁量权，是否合法取决于法官的判断，所以香港的商业银行和放债人为了避免陷入官司，贷款利率都低于 48%。④ 在新加坡的《放贷人法案》中规定了无担保的最高年利率为 18%，而有担保的最高年利率为 12%。强制规定放贷公司弃名义利率，改用有效利率，作为利率顶限的基础；扩大享有利率顶限的贷款者范围，以保护更多借贷者。与名义利率相比，有效利率能把一年里的贷款次数的复合效应呈现出来，换句话说，有效利率可以更好地反映出一年借贷的实际数额，让借贷者更容易与其他借贷配套相比较。

任何一个工业化国家的自有市场长期利率都能提供那个国家经济和政治状态的动态。⑤目前我国政府对利率实行管制，主要是由于我国金融市场化利率改革的滞后性。从长远看，在我国市场化利率形成之后，应该将民间商事借贷的利率交给市场决定而非由政府管制，但是目前一律取消所有的利率限制是不符合我国的基本国情的。因此，在我国目前的条件下，不能盲目地放开民间商事借贷市场，而应通过立法直接规制民间商事借贷利率，并设置合理的利率上限。

---

① 亚里士多德著，苗力田主编：《亚里士多德全集》，第Ⅳ卷，第 23 页，北京：中国人民大学出版社，1994。

② 江平等：《摩奴法典》，第 258 页，北京：法律出版社，2000。

③ 曹冬媛：《民间借贷利息的法律问题》，《河北法学》，2012（12）。

④ 孙天琦：《香港专业放债机构的有关情况及其启示》，《西部金融》，2012（6）。

⑤ Wayne A. M. Visser，Alastair McIntosh，"A Short Review of the Historical Critique of Us"，*Accounting*，*Business & Financial History*，1982，8（2），p. 2.

有些学者也认为，不超过同期银行贷款利率4倍的规定是符合我国大部分地区的经济发展状况的。[①] 我们应当借鉴新加坡和我国香港地区的经验，设置双档次利率。我国有关利率的规定由单一档次利率——不得超过银行同期贷款利率4倍为标准，在2015年9月1日变为双档次利率——“两线三区”，即第一根线是民事法律应予保护的固定利率为年利率的24%，第二条线是年利率36%以上的借贷合同为无效，通过这两线，划分了三个区域，一个是无效区（36%以上），一个是司法保护区（24%以内），一个是自然债务区（对于24%—36%之间的这一部分作为一个自然债务看待，如果提起诉讼，要求法院保护，法院不会保护，但是当事人愿意自动履行，法院也不反对）。设置双档次利率，采取民事制裁手段和刑事制裁手段相结合的方式，才能更好地实现对民间商事借贷利率的监管。

（四） 民间商事借贷业务中高利贷的禁止

民间商事借贷往往被贴上高利贷的标签，掩盖了其拓展融资渠道、灵活汇集社会闲置资金、活跃市场经济的积极作用。要发挥民间商事借贷的积极作用，就要建立民间商事借贷利率定价机制，确定民间商事借贷合理的利率空间，规范民间商事借贷利率定价，遏止民间商事借贷中的高利贷行为。[②] 高利贷是各国在任何时期都要打击的一种行为，但是高利贷却具有顽强的生命力。孟德斯鸠分析说，人民就像一个没有信用的债务人，只有想法子用巨额利润去引诱债权人贷款。极善的法律产生极恶的结果，债务人要为所借的钱付利息，也要为债权人有可能受到法律惩罚的危险出钱。[③] 法律增加了高利贷的成本，而这一成本又被贷款者转嫁到借款人身上。因此，高利贷就生生不息了。

当前德国的法律认为，构成暴利的高利贷合同自始无效，即不仅利息条款无效，合同整体也无效。德国学者认为，为了防止或减少违反善良风俗行为的发生，赋予《民法典》第一百三十八条一般预防或“威慑”功能是有必要的，否则违反善良风俗的当事人可以不受限制地从事暴力行为，即使在高额利息被判决不予支持时，其仍可以获得市场的平均利息。[④] 也有些学者提出反对意见，认为如果合同全部自始而终效力归于零，则会导致不公平，如此一来，债务人便可以获得一个相当于零利息的贷款，从而得到比正常贷款人更好的待遇。[⑤] 新加坡的《放贷人法案（修订案）》中的一个重点即是对弱小借款人的保护，其明确规定高利贷为一种犯罪行为，不允许暴力要求还款等行为，并对高利贷的构成要件和处罚做出了明确规定。[⑥]

2001年中国人民银行办公厅《关于高利贷认定标准问题的函》规定，原则上同意将超过银行同期、同类贷款利率（不含浮动）4倍的高利贷行为认定标准适当下调，修改为：借贷利率高于法律允许的金融机构同期、同档次贷款利率（不含浮动）3倍的为高利贷行为，其理由是中国人民银行制定的利率是法定利率。金融机构存、贷款利率和利率浮动均属于法定利率的范围。金融机构根据中国人民银行公布的贷款利率和浮动力度确定实

---

① 王曙光：《民间金融的演变和走势》，《银行家》，2009（2）。

② 李世新、张耀谋、李力、郑才林：《我国当前民间借贷成因、问题与对策》，《区域金融研究》，2009（5）。

③ 〔法〕孟德斯鸠：《论法的精神》，第101页，北京：商务印书馆，1963。

④ 许德风：《论利息的法律管制——兼议私法中的社会化考量》，《北大法律评论》，2010（1），第176—209页。

⑤ 许德风：《论利息的法律管制——兼议私法中的社会化考量》，《北大法律评论》，2010（1）。

⑥ Proposed Amendments to the Moneylenders Act，http：//www.mlaw.gov.sg/news/press-releases/proposed-amendments-to-the-moneylenders-act.html，2014-01-04.

际执行的贷款利率，因此，金融机构实际执行的贷款利率往往要高于中国人民银行公布的法定贷款利率。2014 年，中国人民银行公布的标准是：6 个月以内（含 6 个月）贷款利率为 5.60%；6 个月至 1 年（含 1 年）贷款利率为 6.00%；1 至 3 年（含 3 年）贷款利率为 6.15%；3 至 5 年（含 5 年）贷款利率为 6.40%；5 年以上贷款利率为 6.55%。如果照此标准计算高利贷的话，那么构成高利贷的标准为利率介于 16.8%—19.65%。而我国民间商事借贷的现状却不容乐观。据报道称，2012 年我国民间商事借贷的月息已涨到五六分，到了 8 月份，月息都在八九分以上，有的甚至达到了一毛二。而月息八分换算为年利率，已超过 100%。① 根据 2013 年的数据（见表 5-1）我国利润率最高的企业净利润率才达到 50%。这一方面说明民间商事借贷利率之高，使得其回报巨丰，从而导致许多企业转而投资民间商事借贷，危害了我国实体经济的发展；另一方面说明部分民间商事借贷利率严重高于企业利润率，易造成企业破产，足见高利贷危害之严重。

表 5-1　　2013 年中国 500 强利润率最高的公司

排名	公司名称	净利润率
184	贵州茅台酒股份有限公司	50%
5	中国工商银行股份有限公司	44%
420	南京银行股份有限公司	44%
205	百度公司	44%
449	网易公司	43%
177	北京银行股份有限公司	42%
9	中国建设银行股份有限公司	42%
59	上海浦东发展银行股份有限公司	41%
186	中国长江电力股份有限公司	40%
34	招商银行股份有限公司	40%

高利贷是导致民间商事借贷悲剧的导火线，因此，我国调整民间商事借贷的法律中应明确规定严禁高利贷行为，并且要明确规定民间商事借贷利率的上限，加重高利贷放贷者的法律责任。最高人民法院印发的《关于人民法院为防范化解金融风险和推进金融改革发展提供司法保障的指导意见》中规定，要依法惩治金融犯罪活动和依法制裁金融违法行为。要求各级人民法院充分发挥刑事审判职能，依法惩治金融领域的犯罪行为，包括插手民间商事借贷金融活动的黑社会性质的组织犯罪及其暴力性犯罪，维护金融秩序和人民群众的财产安全。各级人民法院在审理金融民商事纠纷案件中，要注意其中的高利贷、非法集资、非法借贷拆借、非法外汇买卖等金融违法行为；发现犯罪线索的，依法及时移送有关侦查机关。

综上所述，我国民间商事借贷立法中应明确规定构成高利贷的借贷利率范围，并规定高利贷行为是犯罪行为，加大高利贷放贷者的法律责任。

三、民间商事借贷监管制度

巴塞尔银行监管委员会制定的《有效银行监管的核心原则》的简介中提到：有效的银行监管是经济大环境的一个关键的核心组成部分。金融监管与有效的宏观经济政策结合在

① 高利贷放贷者自白：摸黑回家和爸妈吃年夜饭，见 http://news.hexun.com/2014-02-14/162166998.html?from=rss，2014-02-16。

一起构成了一个国家金融稳定的关键因素。虽然有效的银行监管成本极高，但是监管不力的成本更高。金融业风险巨大，稍不小心就有可能引发金融危机，对我国的社会经济文化造成危害。因此，在民间商事借贷立法的制度设计中，民间商事借贷的监管制度至关重要。在将民间商事借贷组织纳入有组织、有管理的系统中进行严格监管，不断完善对其的管理并引导其健康、有序地发展，是我国金融监管制度的目标。但是，对于民间商事借贷，我们应当重视事前的审慎监管，而不是事后处罚，重在制度的制定与实施，将金融风险控制在事发之前。另外，要注重金融监管部门之间的相互制约，要在法律制度设计上充分考虑民间商事借贷市场的详细事项，实现更好的监管。

（一） 民间商事借贷监管机构确立的条件

早期的金融监管是作为执行银行法规的一种手段存在的，强调的是金融机构个体的合法经营和合法利益，注重个体利益的维护。但随着 20 世纪 70 年代世界金融危机的爆发，金融监管的目标发生了转变，其目标不再仅限于执行金融法规，而是成为一种复杂的社会利益整合手段。自此，传统意义上的金融监管转化为现代意义上的金融监管。

现代金融监管目标是通过中央银行依据法律准则和程序，对金融体系中金融主体和金融市场实行监督和管理，维护债权人的利益，约束债务人的行为，确保金融主体和金融业务的公平竞争，促进金融业有序运行和健康发展，最终实现推动经济发展和社会进步的目标。[①]

我国民间商事借贷作为民间金融的一种形式，与正规的金融体系共同构成了我国的金融体系，对民间商事借贷理应保持与正规金融监管相同的监管目标，即对民间商事借贷组织的放贷活动进行监督管理，平衡借款人、贷款人之间的利益，平等保护二者利益，确保民间商事借贷市场的平等竞争，保障我国社会主义市场经济健康、有序地发展。

民间商事借贷监管机构的选择也是民间商事借贷立法的一个难题。根据民间商事借贷活动的高风险性和专业性，民间商事借贷的监管机构应当具备以下条件：第一，独立性。1992 年巴塞尔委员会确立的独立的银行监管主体成为一个重要的标准。亚洲金融危机的教训表明，保持金融监管机构在政策操作上的独立性特别重要，监管者应当不受政府和其他政治力量的强制性权威的左右。监管主体的独立性应当以法律手段进行明确界定，这样才能在投资者中确立监管者的权威和可信度，使得监管者可以保护公民免受官僚行政机构不当行为的影响，保护监管者不为既得利益集团所“俘获”。监管主体的独立性不应受到侵害，应该在人事任免上独立于政府体系，监管机构需超脱于政府之外，不受政府机构人事更迭和政府领导个人好恶的影响。第二，责任性。监管机构必须是一个可问责的机构，监管机构并非天生为公共利益着想，为了追求监管机构自身的利益或者监管者个人的利益，可能存在“权利寻租”的现象，为了避免此现象的发生，就必须以设定制度的形式克服困难。建立监管机构的问责制度，要求监管机构或相关人员必须为重大的工作失误承担责任，可以有效减少监管机构的“权利寻租”现象。同时，提高监管工作的透明度，接受公众的监督，也有助于减少这方面的问题。第三，专业性。金融监管是一项成本很高的政府行为，需要足够的经费、拥有较高专业知识的监管人员以及高超的信息技术手段，所有这些都需要较多的资金投入。为了提高金融监管的效率，就必须加大对监管部门的资金投入，使其拥有足够的资金实施监管行为。监管者必须具有一定的技术性，才能对民间商事借贷机构的放贷行为进行很好的监管。

---

① 苏华：《试论金融监管的公平公正原则》，《南方金融》，2002（9）。

监管者必须对民间商事借贷机构的经营业务、融资技术、风险管理和市场趋势了解透彻，面对金融风险要具备迅速的反应能力，不能仅仅依赖于银行的财务报告，而要基于严格的程序对经营者进行密切关注。除此之外，监管机构还必须拥有一批专业的人才。以上是确立民间商事借贷监管机构需要具备的条件，监管机构必须具有一定的独立性、责任性和专业性，才能更好地发挥其职能，对民间商事借贷活动实施更好的监管。

（二） 民间商事借贷监管机构及监管内容

目前我国金融组织的监管部门为“一行三会”，即中国人民银行、银监会、证监会、保监会四个部门，因此，我国的金融监管体系初步形成了四个部门分工合作、各司其职的监管模式。民间商事借贷的监管机关要符合民间商事借贷自身特点与我国国情。民间金融处于国家金融当局监管之外，其隐蔽性、流动性和自由度更强，传统意义上的金融制度监管难以跟踪民间商事借贷活动的运行过程并对之有效约束，因而其活动往往比受国家管制的正规金融具有更强的市场性。①

民间商事借贷活动具有一定的地缘性和自治性，且各地民间借贷发展状况悬殊，当地政府部门对本地区的经济发展状况掌握更加全面。基于此特点，民间商事借贷活动的监管要加强地方政府部门的监管职能。我国小额贷款公司的监督模式为中国人民银行、银行业监督管理委员会、当地政府部门和社会监督“四位一体”的监管体制。

构建民间商事借贷的监管制度，首先，要明确监督主体。由于民间资本运行关系复杂，既有民间资本投资，又有民间资本借贷；既有合法的市场行为，也有非法的地下操作。因此，有关政府部门必须采用协调机制，明确监督主体，分工合作，金融监管、工商管理、治安监管等多部门多渠道配合监督，这样才能真正遏制诸如地下钱庄、民间高利贷等非法金融行为。其次，要明确监督责任。无责任则无制约，在民间资本运行的各种法律保障机制的构建和健全过程中，民间资本运行的监督责任机制不能缺失。需要明确民间资本运行监督的各个环节的职能与职责，并明确监督主体的有关法律责任，从而确保民间资本运行有法可依、违法必究，真正将民间资本的监管落到实处，彻底根除民间高利贷的危害，引导民间资本合法、健康地运行。② 根据我国民间商事借贷的特征和我国的具体国情，其监管机关及职责如下：

1. 中国人民银行

中国人民银行金融监管体制施行的是集中单一的银行监管模式。《中国人民共和国中国人民银行法》明确规定，中国人民银行依法对金融机构及其业务实施监督和管理，维护金融业的合法、稳健运行。这表明我国已在法律上确立了中国人民银行的监管职责和监管模式。《中国人民共和国中国人民银行法》第四条规定了中国人民银行的职责，综观其职责可以看出，其职责都与国家的宏观调控政策相关，且各职责之间紧密相连。③ 中国人民

---

① 高晋康：《民间金融法制化的界限与路径选择》，《中国法学》，2008（4）。

② 杨积堂：《论民间借贷中高利贷的危害与法律规制》，《新视野》，2012（2）。

③ 《中国人民共和国中国人民银行法》第四条规定，中国人民银行履行下列职责：（一）发布与履行其职责有关的命令和规章；（二）依法制定和执行货币政策；（三）发行人民币，管理人民币流通；（四）监督管理银行间同业拆借市场和银行间债券市场；（五）实施外汇管理，监督管理银行间外汇市场；（六）监督管理黄金市场；（七）持有、管理、经营国家外汇储备、黄金储备；（八）经理国库；（九）维护支付、清算系统的正常运行；（十）指导、部署金融业反洗钱工作，负责反洗钱的资金监测；（十一）负责金融业的统计、调查、分析和预测；（十二）作为国家的中央银行，从事有关的国际金融活动；（十三）国务院规定的其他职责。中国人民银行为执行货币政策，可以依照本法第四章的有关规定从事金融业务活动。

银行对金融业的管理主要体现在对金融机构的监督管理和对金融市场的监督管理两个方面。赋予中国人民银行对民间商事借贷活动的监管权，是基于中国人民银行的独立性与专业性。其独立性体现在中国人民银行及其分支机构能够全面、准确、及时地贯彻总行的方针政策，而很少受地方政府的干预，可以保证货币政策决策与实施的统一，增加中央银行宏观调控的时效性和提高中央银行运作的效率。①

鄂尔多斯市人民政府关于公布《鄂尔多斯市规范民间借贷暂行办法》的通知中规定，中国人民银行鄂尔多斯市中心支行负责监测民间商事借贷市场的利率、规模和流向，定期开展民间资本市场调研和风险评估，做好风险预警工作。加强对民间商事借贷市场主体、机构开户银行账户的监管，履行反洗钱职能，特别要加强对大额现金和可疑资金交易的检查和分析，及时认定和通报违规资金拆借和高利贷行为。中国银行业监督管理委员会、中国人民银行颁布的《关于小额贷款公司试点的指导意见》中规定，中国人民银行对小额贷款公司的利率、资金流向进行跟踪监测，并将小额贷款公司纳入信贷征信系统。

《北京市小额贷款公司试点实施办法》第五十二条规定，中国人民银行营业管理部对小额贷款公司的利率、资金流向进行跟踪监测，并将小额贷款公司信用状况纳入信贷征信系统。小额贷款公司应定期向信贷征信系统提供借款人、贷款金额、贷款担保和贷款偿还等中国人民银行营业管理部要求的业务信息。

《广东省小额贷款公司管理办法（试行）》第三十八条规定，中国人民银行广州分行及其分支机构对小额贷款公司的利率、资金流向进行跟踪监测，并将小额贷款公司纳入信贷征信系统。

《云南省小额贷款公司管理办法（试行）》第三十七条规定，中国人民银行分支机构对小额贷款公司的利率、资金流向进行跟踪监测，并将具备条件的小额贷款公司纳入信贷征信系统。

从以上我国地方立法可以看出，中国人民银行对民间商事借贷活动的监管必不可少，且发挥着不可或缺的作用。在民间商事借贷中，其职责主要体现在以下两个方面：

第一，经营贷款业务的批准。我国《贷款通则》规定了贷款人必须经中国人民银行批准经营贷款业务，持有中国人民银行颁发的《金融机构法人许可证》或《金融机构营业许可证》。为了保持我国法律的统一性，建议民间商事借贷组织开展放贷业务依然要经过中国人民银行批准。中国人民银行本身所具有的职责不应再分配给其他部门，民间商事借贷活动作为民间金融依然属于我国金融体系不可缺少的一部分，因此应和正规金融组织保持同一个批准部门。另外，赋予中国人民银行批准民间商事借贷组织贷款业务的开展可以避免地方政府的“权利寻租”。

第二，对民间商事借贷的利率、资金流量进行跟踪监测。中国人民银行内设 13 个职能司（厅），分别是办公厅、条法厅、货币政策司、银行监管一司、银行监管二司、非银行金融机构监管司、合作金融机构监管司、统计司、会计财务司、支付科技司、国际司、内审司、人事教育司。上述 13 个职能司（厅）均有明确的分工，其中银行监管一司负责对国有独资商业银行、政策性银行、金融资产管理公司、外资银行、邮政储蓄等金融机构的现场检查和非现场监管，监测其资产负债风险、信贷资产质量、盈亏情况、资本充足率、管理水平和内部控制情况，促使金融机构始终保持稳健经营的良好状态。银行监管二

---

① 周英著：《金融监管论》，第 59—61 页，北京：中国金融出版社，2002。

司负责对股份制银行、城市商业银行等的资产负债风险及信贷资产质量进行监管。非银行金融机构监管司负责对信托投资公司、企业集团财务公司、金融租赁公司、外资非银行金融机构的市场准入和退出进行管理，审查其业务范围、高级管理人员的任职资格等。由此可见，中国人民银行有了专业的部门和人员，更有利于对民间商事借贷的利率、资金流向等事项进行监管。

2. 银行业监督管理委员会

2003年4月，我国银行业监督管理委员会（下简称银监会）成立，同保险监督管理委员会（下简称保监会）、证券监督管理委员会（下简称证监会）一道构成了专业化的金融监管格局。根据我国《银行业监督管理法》规定，国务院银行业监督管理机构负责对全国银行业金融机构及其业务活动进行监督管理，对在我国设立的金融资产管理公司、信托投资公司、财务公司、金融租赁公司以及经国务院银行业监督管理机构批准设立的其他金融机构的监督管理，也同样适用此规定。

从《银行业监督管理法》中我们可以看出，银监会有明确的监管职责，而且有完整的内外部的监管机制，主要是具有公开的监督管理程序和监督管理责任制度。银监会有独立的机构设置，地方派出机构直接隶属于总部，不受地方政府的管理和干预。同时可以看出银监会在专业知识领域、风险衡量技术、监管经验、专业人才和信息资源等方面具有其他机构不能比拟的优势。但是综观我国现行有关民间金融的立法，发现银监会的监管职能似乎不被认可，它被赋予了民间金融的辅助监管职能。

《云南省小额贷款公司试点办法（试行）》第三十七条规定，银监部门配合做好对小额贷款公司的风险监管工作。《温州市民间融资管理条例》规定，驻温州的国家金融监督管理派出机构，依法指导地方金融管理部门的民间融资监督管理工作。《鄂尔多斯市规范民间借贷暂行办法》规定，银监部门负责配合中国人民银行对民间借贷市场主体、机构开户银行账户的监管，配合公安等部门做好非法集资、非法吸收公众存款及高利贷等违法案件的认定；协调金融机构做好公安机关对相关涉案人员的查处工作；配合宣传部门做好民间借贷有关法律知识的宣传工作。

笔者认为，对于民间商事借贷的监管机关而言，更应注重银监会职能的发挥。民间商事借贷基于一定的地缘、亲缘而发生，其发展具有一定的地域性。因此，如上文所述，民间商事借贷应限定在一定的地区开展经营活动，主要为本地区的经济发展提供金融补充。因此，省级银监局作为民间商事借贷的政府主管部门，负责民间商事借贷的主要监管工作。也有些人认为，民间商事借贷组织不吸收存款，没有必要由银监会这样的部门去监管，否则会造成资源浪费，此外，如果对民间商事借贷组织实行银监会的监管措施，恐怕不易发挥民间商事借贷本身具有的灵活性贷款等优势。世界小额贷款之父、诺贝尔和平奖获得者尤努斯教授曾说过：不能把监管工作留给不了解我们工作的人。一旦有了清晰的监管环境，对政府、投资人讲清楚了游戏规则，才能知道什么行为是对，什么是错。对于民间商事借贷而言，银监会显然具备监管的专业性，更应承担主要的监管职责。根据银监会的监管职责和民间商事借贷的特征来看，银监会在民间商事借贷中承担的职责主要有：第一，对民间商事借贷组织的准入、运行和退出条件进行审查批准。第二，对民间商事借贷组织的业务活动和范围进行审查批准或备案。第三，对民间商事借贷组织的从业人员与高级管理人员的任职条件进行审查。第四，对民间商事借贷组织的业务活动的风险情况进行现场检查或非现场监管。

3. 人民政府金融办

人民政府金融办是人民政府金融服务办公室的简称，是地方政府的附属机构。一般而言，人民政府金融办的职责主要有：贯彻执行国家有关金融工作的方针、政策和法律法规，协助金融监管机构整顿和规范本行政区内的金融秩序；拟定本行政区域金融业发展规划；协调处理金融风险防范和化解工作，处置金融突发事件；研究确定本行政区域发展和利用资本市场的政策、规划和措施；负责本行政区域中小企业上市的培育、初审及推荐工作；为本行政区域政府性融资和中小企业融资搞好协调和服务；承办上级政府和监管机构交办的其他事项。①

从我国现行法律来看，负责小额贷款公司和民间商事借贷组织的监管部门大部分为人民政府金融办。比如我国《温州市民间融资管理条例》规定，温州市人民政府和辖区内县级人民政府依法履行本行政区域内地方金融监督管理职责，建立民间融资服务、监督管理、风险监测、处置机制以及与驻温州的国家金融监督管理派出机构的沟通协调机制，制定支持政策和配套措施，鼓励和引导民间资金重点投向实体经济，优化民间融资环境。温州市人民政府和辖区内县级人民政府地方金融管理部门负责指导、监督、管理本行政区域内的民间融资，其他有关部门依照各自职责负责相关工作。

《鄂尔多斯市规范民间借贷暂行办法》第六条也规定了市人民政府要规范和引导民间借贷行为，加强对民间借贷市场的监管。并且规定了由市金融工作办公室承担民间借贷公共服务的主体监管和检查工作。《北京市小额贷款公司试点实施办法》第四十九条规定，小额贷款公司应主动接受市、区县主管部门的监督管理。按月向市、区县主管部门提供财务报表和贷款统计表，并自觉接受市、区县主管部门的现场检查。第五十一条规定，各区县主管部门应加强对小额贷款公司的日常监督管理，按月、季、年对小额贷款公司的经营管理和内控风险情况进行监测，每年至少进行一次全面的业务检查，视小额贷款公司经营情况适时安排专项检查。对日常监管中发现的重大问题和突发事件应及时向区县主管部门和市主管部门报告，并通报相关部门。

《广东省小额贷款公司管理办法（试行）》第四十三条规定，县级政府工作部门要依据法律法规，参照银行监督管理的内容及方法，对小额贷款公司的资本充足状况、资产损失准备充足率、不良贷款率、风险管理、内部控制、风险集中度、关联交易等实施持续、动态监管，督促其完善资本补充机制、贷款管理制度及内部控制，加强风险管理。必要时，可要求小额贷款公司聘用指定中介机构对其进行临时特殊审计。

《非存款类放贷组织条例（征求意见稿）》规定，国务院银行业监督管理机构、中国人民银行在金融监管协调部际联席会议制度的框架内，依据本条例制定非存款类放贷组织监督管理规则，指导省、自治区、直辖市人民政府对非存款类放贷组织进行监管和风险处置，协调国务院有关部门解决非存款类放贷组织监督管理及发展中的重大问题。各省、自治区、直辖市人民政府负责辖区内非存款类放贷组织的监管，可授权专门部门作为非存款类放贷组织的监督管理部门。

由此可见，全国范围内小额贷款公司和非存款类放贷组织的监管工作大部分由政府金融办公室负责。但是这种由地方政府负责监管的模式有一定弊端，主要体现在：民间商事

① 百度百科：金融办，见 http：//baike. baidu. com/link? url＝nMvpa _ UfWbH4zgZ6OzXKaDmuwDmId4GtxleljA7-TyCY6w6a28MRMzyU5CdoPUcTE0HiVKm8l3eIC23idvBK－4 _ ，2014-02-18。

借贷组织的监管工作仅由地方政府负责是很难实现的，不少市、县等基层政府监管部门的现有组织机构和人员配备不足，对审批工作应接不暇，在监管工具欠缺的条件下，日常监管很难深入。地方政府存在重发展、轻规范的监管导向，往往注重信贷投放数量，忽视规模扩大带来的经营风险，存在重发展、轻规范的监管误区。同时，准入审批重形式、轻实质。一些政府主管部门主要关注股东出资和政府无实质意义的承诺，对股东的资质、关联情况和入股资金来源等的审查流于形式，关联股东超比例、股东无实际出资能力等现象时常发生。①

一个完善、有效的民间金融风险综合监管体系应以放贷人监管为核心，具有明确的监管主体、完善的监管内容及确定的民事、刑事责任。法律需要明确民间金融的监管主体，除确定中央一级的监管主体外，考虑到民间金融较强的地域特征，特别需要赋予地方机构对放贷人监管的行政权力，如政府金融办公室。② 政府应该配套建立起危机预警系统和市场退出机制，以防范金融风险并促进民间金融市场的高效运转。另外，农村民间金融机构要严格按照中国人民银行批准的业务范围进行金融服务，特别是资金的使用和筹集过程要接受中国人民银行监管，监管部门应坚决打击和取缔从事洗钱、炒卖外汇、高利贷、非法集资等违法活动的民间金融组织。当然，政府对农村民间金融的监管，只能以引导监控为主，而不是对其进行过多的干预。③ 因此，在民间商事借贷的立法中，我们应吸取小额贷款公司立法的教训，在赋予地方政府金融办职责时要更加注重其服务职能的发挥，引导民间商事借贷活动健康、有序地发展。

4. 民间商事借贷行业协会

行业协会是指介于政府、企业之间，商品生产业与经营者之间，并为其服务、咨询、沟通、监督、协调的社会中介组织。行业协会是一种民间性组织，它不属于政府的管理机构系统，而是政府与企业的桥梁和纽带。行业协会属于我国民法规定的社团法人，是中国民间组织社会团体的一种，即国际上统称的非政府组织（又称 NGO），属非营利性机构。

行业协会的特征主要有以下几点：第一，非政府性。行业协会具有相对于政府的独立性，由有关组织自愿组成，不是依政府命令产生，在内部实行自我管理，不受政府直接控制，但是要受政府监督。第二，自治性。自治性是行业协会最本质的特征，行业协会一旦依法成立，便可在法定范围内自主活动，以实现成立该组织的特定目的。第三，非营利性。行业协会的目的是发展行业的共同利益，维护成员的合法权益，不以营利为目的。第四，公益性。公益性分为普遍公共利益和特殊公共利益。普遍公共利益是指全体社会成员共享的普遍性的利益；特殊公共利益是指在一定范围内非特定的多数人所享有的公共利益。行业协会的公益性指的就是特殊公共利益，对一定领域内的特殊公共利益进行维护。第五，中介性。行业协会承担的是国家（政府）与企业（成员）之间的联结和沟通作用。托尼·马歇尔说过："对于第三域组织来说，共同点在于它们都作为个人和国家之间的中介者活动，既得以维持社会的团结，又可使社会变迁顺利进行。"④

---

① 李直、朱忠明著：《中国小额贷款公司实践与发展》，第 170 页，北京：中国发展出版社，2013。

② 廖振中、高晋康：《我国民间借贷利率管制法治进路的检讨与选择》，《现代法学》，2012（2）。

③ 张燕、杜国宏、吴正刚：《金融危机背景下我国农村民间金融法律制度的因应与完善——基于对〈放贷人条例（草案）〉的思考》，《金融与经济》，2009（7）。

④ 李亚平、于海：《第三域的兴起——西方志愿工作及志愿组织理论文选》，第 75 页，上海：复旦大学出版社，1988。

行业协会的产生归因于市场交易契约实施机制的不完善，行业协会因市场交易而产生，具有仲裁与协调的功能。作为一种由市场自发形成的具有私人秩序功能的组织，行业协会在契约执行中有以下三种职责：一是提供交易违约信息。二是有组织地回应违约行为。三是将自身作为第三方治理机制来监督、仲裁和执行相应的惩罚机制，以约束会员企业的机会主义行为。①

行业协会具有一定的法治价值。第一，全面地实现并保障经济主体的私权利。第二，构筑社会经济秩序的自我调控机制。行业协会通过其沟通与协调功能，实现了行业内群体利益与国家利益的沟通以及行业内部力量的自我协调与平衡，从而为民主与法治提供了以自我调控为基础的自发秩序。经济学的研究成果表明，征信机构、私人仲裁机构和行业协会这三种第三方组织，可以利用与交易各方之间的长期合作关系来弥补政府部门的专业知识和资源限制的缺点。第三方组织对民间商事借贷的作用主要体现在以下两个方面：第一，收集并传递事前的欺骗信息、机关与交易双方的历史行为。第二，给予欺骗行为事后的惩罚。

目前，我国并没有赋予行业协会确定的法律地位，但是其作为政府和民间金融的润滑剂，可以有效缓解二者之间的矛盾，将政府对民间金融的干预降到最低，充分保障民间商事借贷组织的合法权益。目前我国已经出现了小额贷款公司联盟，该联盟联合了数百家小额信贷公司，定期发布相关数据和资料，对于小额信贷的信息交流和业务提升产生了积极影响。②

例如《温州市民间融资管理条例》第三十条规定，民间融资行业协会应当接受地方金融管理部门的指导，制定并实施行业自律规则，监督、检查会员及其从业人员的职业行为，对违反自律规则和协会章程的，按照规定给予处理。因此在民间商事借贷的立法中，我们应注重民间商事借贷行业协会的作用，给予其正式的法律监管地位，激发民间商事借贷组织的内部控制和自我监督的动力。《非存款类放贷组织条例（征求意见稿）》也规定，建立全国性非存款类放贷组织行业自律组织，履行自律、维权、协调、服务等职责，接受国务院银行业监督管理机构、中国人民银行的指导。非存款类放贷组织应当成为全国性行业自律组织的成员。

四、民间商事借贷退出制度

民间商事借贷作为我国金融制度的一部分，具有高风险性和公共性的特征。一个完整的民间商事借贷法律制度除了应具备准入制度、运行制度和监管制度之外，退出制度的设立也至关重要。建立完善的民间商事借贷退出法律制度，一方面能够激励投资人尽职尽责、遵守法律、审慎经营，建立对管理人员的激励约束机制；另一方面可以对民间商事借贷组织起到警醒作用。民间商事借贷组织存在被关闭的风险，投资人和债权人为了保护自己的权益，就会主动监督民间商事借贷组织依法开展业务工作，发挥市场的约束和监督机制。

---

① 王玉珍：《行业租金、行业协会与行业自我治理》，《经济学家》，2007（2）。

② 陈蓉：《“三农”可持续发展的融资拓展：民间金融的法制化与监管框架的构建》，第306页，北京：法律出版社，2010。

（一） 民间商事借贷组织退出条件

民间商事借贷组织作为一种民间金融组织，不能随便退出金融市场，否则将会危及债权人的合法利益以及我国的宏观调控，因此，应规定一定的标准和条件以克服此弊端。《消费金融公司试点管理办法》第十六条规定，消费金融公司有下列情况之一的，经银监会批准后可以解散：（1）公司章程规定的营业期限届满或者公司章程规定的其他解散事由出现；（2）公司章程规定的权力机构决议解散；（3）因公司合并或者分立需要解散；（4）其他法定事由。因此，根据我国现行法律以及相关民间借贷的法律，民间商事借贷组织的退出制度分为两种方式：自动退出和强制退出。

1. 自动退出

自动退出是指民间商事借贷组织的投资人基于自愿意志主动退出，不再经营放贷业务。主要事由有：（1）自然人一人经营放贷业务的，其死亡后继承人不愿继续经营放贷业务而解散的；（2)合伙经营放贷业务的，合伙人协商一致不愿意继续经营放贷业务而解散的；（3）采取公司形式经营放贷业务的，因经营不善，各股东决议而解散的；（4）经营期限届满而解散的；（5）与其他经营组织合并而解散的。

2. 强制退出

强制退出是指民间商事借贷组织出现法律规定退出的事由，由主管机关强制其退出市场。主要事由有：（1)民间商事借贷组织资不抵债，出现破产；（2）民间商事借贷组织因违法被吊销营业执照；（3）民间商事借贷组织的成立条件不符合设立条件，在规定期间内仍未补足条件的；（4）民间商事借贷组织从事了其他严重违反社会公共利益的行为等。

（二） 民间商事借贷组织退出程序

1. 自动退出程序

民间商事借贷组织出现自动退出的情形，应向银监会提交自动退出申请表、资产负债表等材料，经银监会审查后向本地政府金融部门备案，最后向工商行政机关进行注销登记事项。由于自动退出不会引起连锁反应，因此其程序较简单。

2. 强制退出程序

强制退出程序包括预警、初审和终审阶段。当民间商事借贷组织出现法定强制退出情形，行业协会可以先行对其预警，并提出相关整改措施。如果民间商事借贷组织的从业人员、注册资金标准等不符合法律的规定，银监会应对其进行检查，督促其在一定期限内补足条件，否则可强制其退出市场。当然，为了保护民间商事借贷组织的合法权益，出现法定退出事由由银监会进行审计时，应该予以其程序性的保障，比如事前的申辩程序和事后的司法审查程序。在监管部门做出强制民间商事借贷组织退出的决定前，民间商事借贷组织可以提出申辩，在申辩失败后也可以向司法部门提出司法审查，司法审查具有最终的法律效力。

五、其他配套制度的建立与完善

（一） 个人破产制度的建立

个人破产制度之所以能够被逐步确立下来，源于人们逐渐达成的对其合理性的共识，即从社会化考量的角度看，无穷尽地追索将引发巨大的社会问题。债务人会为逃债隐姓埋名，潜入社会的灰色地带，甚至为筹款还债铤而走险。个人破产制度能够防止产生因个人不能偿债所带来的一些社会不安定因素，从而促进社会和谐。在此方面，个人破产制度发挥了准社会保障制度的功能。[①] 从经济效益的角度看，如果没有个人破产制度，就会让债务人背负过重的债务，不但可能使债权人永远无法获偿，也会导致债务人“破罐子破摔”，不努力工作，这对他个人而言是一种惩罚，对社会而言则是福利的损失。

通过个人破产程序，能够使人们在保留一定自由财产的基础上重新开始新的工作与生活，促使人力资本最大化。[②] 建立自然人破产制度，健全优胜劣汰的市场化退出机制，完善企业破产制度，这是在2013年召开的党的十八届三中全会中做出的决定。市场化的退出机制不仅有利于加强民间金融机构的内部治理，形成对股东的有效激励和约束机制，也有利于普通存款人了解和判断民间金融机构存在的风险，激励其主动监督民间金融机构的经营行为，充分发挥市场约束机制的功能。[③]

考虑到自然人在民间商事借贷领域的传统地位，参考新加坡立法现状，建议我国的自然人作为放贷主体，其资格应当通过申请注册予以确定。自然人依法对外承担无限责任，可以不设资本金要求，但在考虑自然人作为民间借贷主体的准入资格时，应当同时考虑其退出机制及个人破产制度，并作为配套制度应早日纳入立法议程。如果缺乏个人破产制度，自然人作为民间商事借贷的主体则无法切实承担无限责任，将影响民间商事借贷制度的实施效果。[④]

我国民间商事借贷法律制定之后，需要进一步完善个人破产的相关法律制度，这是因为：一方面，建立个人破产制度是我国市场经济发展的需要。随着经济全球化的发展与中国对外开放程度的加深，经济主体市场准入、交易和退出的法律制度的配套与完善就更加迫切。破产法是市场主体退出市场的法律保障。民间商事借贷中将自然人作为一种放贷的商事主体，应该承认其具有破产能力，按照破产程序对其进行清算，既可以保障债权人公平受偿，又可以给予自然人重整的机会，体现法律的人文关怀，坚实社会信用基础，刺激我国经济持续平稳、健康地发展。另一方面，建立自然人破产制度能够防止债权人暴力逼债，并解决追债难的问题。民间商事借贷中经常发生债权人利益无法保护时采取私人暴力追债的行为，危害了社会的和谐稳定。建立了自然人破产制度，债权人可以平等受偿，并免除了诚实的债务人确实无力偿还的债务，私立救济的滥用便会失去基础，平等地保护债权人与债务人的合法利益。

---

① Teresa A. Sullivan, Elizabeth Warren, Jay Lawrence Westbrook, “Limiting Access to Bankruptcy Discharge: An Analysis of Three Editors, Data”, *Wisconsin Law Review*, 1983, pp. 1091-1246.

② 许德风：《论利息的法律管制——兼议私法中的社会化考量》，《北大法律评论》，2010（11）。

③ 岳彩申、袁林、陈蓉：《民间借贷制度创新的思路和要点》，《经济法论丛》，2009（1）。

④ 岳彩申：《民间借贷规制的重点及立法建议》，《中国法学》，2011（5）。

（二） 征信制度的完善

征信制度的建立和完善有利于对民间商事借贷活动的监管。在党的十八届三中全会中提出建立健全社会征信体系，褒扬诚信，惩戒失信。落实金融监管改革措施和标准，完善监管协调机制，界定中央和地方金融监管职责和风险处置责任。征信制度的完善可以弥补借贷双方信息不对称的弊端，减少交易成本，节约社会资源，也可以降低民间金融的经营风险。民间商事借贷作为我国金融体系的一部分，通过征信体系可以有效避免借贷双方信息不对称造成的金融风险，因此，我国民间商事借贷立法也需要征信制度的完善，才能保障民间商事借贷的健康、有序发展。

结 论

民间借贷作为一种古老的民间融资形式长久地存在于我们国家。自古至今，关于其议论从未间断。但可以肯定的是民间借贷从来都不是一方净土，它是善与恶、美与丑、道德与不道德并存的一片沼泽地。民间借贷作为民间融资的一种形式，为我国市场经济的健康发展提供了重要的金融支持，我们应客观评价其在社会发展中的作用，并采取法律的形式规避其金融风险。民间借贷的发展由民事属性转向商事属性，这既是困扰理论界和实务界法学专家的一个难题，也是我们研究民间借贷立法必须正视的属性转变。民间商事借贷的发展也促进了我国商法理论的发展与完善，这是本书对民间商事借贷立法研究的一个重要前提，在此基础上有以下几点结论。

第一，民间民事借贷向民间商事借贷发展。

民间借贷是指非金融机构的主体间所发生的资金借贷，包括企业之间、自然人之间，以及自然人与企业之间的资金借贷。基于我国一直以来的“金融抑制”政策、中小企业和“三农”事业的融资需求及民间借贷本身的灵活性、便利性等特征，民间借贷蓬勃发展，出现了一些新的特征，即现实生活中出现了一批以放贷为业的营利组织，其长期向不特定对象经营放贷业务。这种以收取利息为目的的货币流通具有资金流通的功能，同时也具有商事行为的性质。对民间借贷的正确规制应当建立在对其性质的正确认识的基础之上，不能一概而论地认定其具有相同的性质，应当根据其不同的发展状态认清其本质。民间借贷根据是否以营利为目的可以分为民间民事借贷和民间商事借贷。但目前我国法学理论界对于民间借贷的民商二重属性缺乏足够的重视，立法中对此也没有进行明确的区分，更没有用不同的法律体系进行分类规制。民间民事借贷与民间商事借贷的区别主要在于：(1) 追求价值不同。民间民事借贷追求的是货币的使用价值；民间商事借贷追求的是货币的交换价值的增值。(2) 遵循的价值规律不同。民间民事借贷遵循等价交换的原则；民间商事借贷遵循的是营业原则，是价格不等的交易。(3) 发生的频率不同。民间民事借贷发生频率低，具有偶发性；民间商事借贷发生频率高，是连续反复的以营利为目的的行为，具有职业性。(4) 造成的影响不同。民间民事借贷一般发生在借款人与贷款人二者之间，即使发生矛盾与纠纷，也不会对社会公共利益造成危害；而民间商事借贷的贷款数额高、发生频率高以及债权人人数众多等特征决定了其一旦发生矛盾与纠纷，将会危害众多债权人的利益，严重者将会对我国的社会稳定造成危害。因此，民间商事借贷的社会影响大于民间民事借贷的社会影响。基于二者的区别，可见民间商事借贷是指非金融机构的主体所为的，以放贷为业，且以营利为目的的经营行为，即指发生在商事主体之间、商事主体同自然人之间的借贷行为。我们将非商事主体但长期从事放贷业务且以营利为目的的民事主体之间的借贷行为视为民间商事借贷。

第二，我国民间商事借贷应当制定全国统一的专门法律。

民间商事借贷主要有两种立法模式：修改现行法律法规模式和单独立法模式。修改现行法律法规模式指修改我国现行的调整民间借贷的法律以适应其新发展；单独立法模式认为针对民间商事借贷应当制定全国统一的专门法律。笔者支持单独立法模式。针对民间民事借贷，我国现行法律足以对其进行调整和规范，但民间商事借贷基于其独特性应该有专门的法律对借贷双方的利益进行保护。能够明确规定民间商事借贷双方当事人的权利和义务；能够为民间商事借贷行为提供清晰的指导；能够将民间商事借贷的风险降至最低。针对民间商事借贷统一立法已是大势所趋，就其立法可以引导一部分处于隐藏、半公开甚至非法状态的民间商事借贷浮出水面，通过有效的法律手段刺激其转向正常的、公开的和可持续发展的商业经营。

第三，从民间商事借贷的准入制度、运行制度、监管制度和退出制度四个方面构建立法体系。

我国民间商事借贷应遵循金融自由与管制相结合、金融效率与金融安全及公平公正并重的立法理念，以规范民间商事借贷行为、引导民间资金健康发展，加强对民间商事借贷活动的监督管理，防范金融风险，为我国社会主义市场经济建设发展提供金融支持。以加强社会主义现代化建设为立法目的，在平等自愿、风险自担和利益兼顾的原则下，构建我国民间商事借贷立法体系。其具体制度主要从民间商事借贷的准入、运行、监管和退出四个方面构建。民间商事借贷的立法并非一蹴而就，若要真正发挥其对我国民间商事借贷活动规制的作用，还需要一系列的配套措施，比如自然人破产制度的建立和征信制度的完善等。

规范民间金融的制度设计是一个漫长的过程，不能凭感情冲动根据国外经验或积极自由假定的良好意愿开展“臆想式”立法。一种真正有效率的法律制度，必须是根植于具体国情基础之上，与具体国家的社会经济发展阶段、历史、文化相融合，且具有本国具体国情特征的法律制度。拉伦茨教授曾言：“法律并非随意的陈述，而是应被遵守的规定，被制定出来的裁判准则，简言之，即规范。要想借规范来规整特定生活领域的立法者，他通常受规整的企图、正义或合目的性考量的指引，而最终又以评价为基础。”① 因此，我国民间商事借贷的立法借鉴其他国家的优秀立法经验固然重要，但最终应遵循我国的基本国情。2014 年 3 月我国温州市已先行制定了《温州民间融资管理条例》，2015 年 8 月 12 日公布的《非存款类放贷组织条例（征求意见稿）》也在全国征求立法意见。全国统一立法将是大势所趋，希望本书的出版能为我国民间商事借贷的立法提供有益参考。

① 〔德〕卡尔·拉伦茨著，陈爱娥译：《法学方法论》，第 94 页，北京：商务印书馆，2003。

附

民间商事借贷立法大纲[①]

目　录

第一章　总则

第一条　为了规范民间商事借贷行为、引导民间资金健康发展，加强对民间商事借贷活动的监督管理，防范金融风险，为我国社会主义市场经济建设发展提供金融支持，加强社会主义现代化建设，制定本法。

第二条　本法所称民间商事借贷为以营利为目的，长期持续向他人提供贷款业务的非银行金融机构所进行的放贷行为，其组织形式为自然人、合伙或公司。

第三条　民间商事借贷组织进行放贷应当遵循平等自愿原则、风险自担原则和不得损害他人、集体和国家利益的原则。

第四条　中国人民银行、银行业监督委员会和各地政府金融办共同对民间借贷行为进行监管。

① 此立法大纲是作者为说明本书内容特别拟定。

第二章 设立、变更和退出

第五条 民间商事借贷组织的设立应当向当地中国人民银行申请贷款卡，并经当地人民政府金融办同意设立，最后向当地工商行政管理部门注册登记。

第六条 民间商事借贷的从业人员，应当符合以下条件：

（一）从业人员应为完全民事行为能力人。

（二）具有良好的社会声誉和信用纪录。

（三）具有本科以上学历，从事金融行业或者管理行业 3 年以上；具备专科以上学历的，从事金融行业或者管理行业 5 年以上。

（四）通过当地政府金融办组织的金融专业知识培训考试。

第七条 民间商事借贷组织的资金应为自有资金、股东入股资金、合伙人入伙资金或捐赠资金及两个金融业银行机构之外的机构融入的资金。

第八条 有下列情形，民间商事借贷组织可以自愿退出市场：

（一）自然人一人经营放贷业务的，其死亡后继承人不愿继续经营放贷业务而解散的；

（二）合伙经营放贷业务的，合伙人协商一致不愿意继续经营放贷业务而解散的；

（三）采取公司形式经营放贷业务的，因经营不善，各股东决议而解散的；

（四）经营期限届满而解散的；

（五）与其他经营组织合并而解散的。

第九条 有下列情形，民间借贷组织的主管部门强制其退出市场：

（一）民间商事借贷组织资不抵债，出现破产；

（二）民间商事借贷组织因违法被吊销营业执照；

（三）民间商事借贷组织的成立条件不符合设立条件，在规定期间内仍未补足条件的；

（四）民间商事借贷组织从事了其他严重违反社会公共利益的行为等。

第三章 业务范围和经营地点

第十条 民间商事借贷的利息应当遵守我国现行法律关于利息的规定，严禁高利贷行为。

第十一条 民间商事借贷的业务范围为办理贷款业务和经批准的其他业务，严禁吸收或者变相吸收公众存款。

第十二条 民间商事借贷放贷人应当在工商行政管理机关注册的地方经营放贷业务，如在其他地方经营放贷业务需经过当地人民政府同意，并向当地工商行政管理部门注册登记。

第四章 监督管理

第十三条 中国人民银行负责民间商事借贷贷款卡的发放，对民间商事借贷的利率和资金流向事项进行监管。

第十四条 银监会负责对下列事项进行监管：

（一）对民间商事借贷组织的准入、运行和退出条件进行审查批准；

（二）对民间商事借贷组织的业务活动和范围进行审查批准或备案；

（三）对民间商事借贷组织的从业人员与高级管理人员的任职条件进行审查；

（四）对民间商事借贷组织的业务活动的风险情况进行现场检查或非现场监管。

第十五条　地方政府金融办对本地区建立民间商事借贷组织的必要性进行考察，负责民间商事借贷组织设立的批准；负责组织本地区从事民间商事借贷行业的入职培训与考试。

第十六条　民间商事借贷行业协会受地方政府的指导，制定并实施行业自律规则，监督、检查会员及其从业人员的执业行为，对违反自律规则和协会章程的，按照规定给予处理。

第五章　法律责任

第十七条　因民间商事借贷行为引起的纠纷，当事人应当依法维护其合法权益，不得采用暴力或以暴力相威胁的手段解决纠纷。

第十八条　违反本法律的行为，法律、行政法规已有法律责任规定的，从其规定。

第六章　附则

第十九条　各省地方政府可以根据本法律制定民间商事借贷的具体实施细则，报省金融管理部门备案。

参考文献

一、 中文类

（一） 著作

［1］陈蓉．“三农”可持续发展的融资拓展：民间金融的法制化与监管框架的构建［M］. 北京：法律出版社，2010.

［2］陈志武．没有“中国模式”这回事［M］. 台北：台北八旗文化，2010.

［3］戴建志．民间借贷法律实务［M］. 北京：法律出版社，1997.

［4］邓正来编译．西方法律哲学文选［M］. 北京：法律出版社，2008.

［5］范健，王建文．商法论［M］. 北京：高等教育出版社，2003.

［6］范健．商法［M］. 北京：高等教育出版社，2000.

［7］费孝通．江村经济：中国农民的生活［M］. 北京：商务印书馆，2001.

［8］郜风涛．文津法札［M］. 北京：中国法制出版社，2011.

［9］公丕祥．法制现代化的挑战［M］. 武汉：武汉大学出版社，2006.

［10］何勤华，任超．法治的追求：理念、路径和模式的比较［M］. 北京：北京大学出版社，2005.

［11］胡必亮，刘强，李晖．农村金融与村庄发展：基本理论、国际经验与实证分析［M］. 北京：商务印书馆，2006.

［12］胡留元，冯卓慧．西周法制史［M］. 西安：陕西人民出版社，1988.

［13］姜春云．姜春云调研文集：民主与法制建设卷［M］. 北京：中央文献出版社，2010.

［14］李直，朱忠明．中国小额贷款公司实践与发展［M］. 北京：中国发展出版社，2013.

［15］柳随年．我在人大十年［M］. 北京：中国民主法制出版社，2003.

［16］龙卫球．民法总论［M］. 第二版．北京：中国法制出版社，2002.

［17］罗彤华．唐代民间借贷之研究［M］. 北京：北京大学出版社，2009.

［18］邱本．市场法治论［M］. 北京：中国检察出版社，2002.

[19] 石少侠．商法思考的印迹 [M]. 北京：中国检察出版社，2008.
[20] 石元康．从中国文化到现代性：典范转移 [M]. 北京：三联书店，2000.
[21] 覃有土．商法学 [M]. 北京：高等教育出版社，2004.
[22] 汪丽丽．多维视角下民间金融生成逻辑分析 [M] // 陈旭．金融检察年刊—2012. 上海：上海交通大学出版社，2013.
[23] 王璟．商法特性论 [M]. 北京：知识产权出版社，2007.
[24] 王曙光．经济转型中的金融制度演进 [M]. 北京：北京大学出版社，2007.
[25] 全国典当从业资格认证辅导教材编委会：典当基础理论与基本业务技能 [M]. 2008.
[26] 吴光炳主编．转型经济学 [M]. 北京：北京大学出版社，2008.
[27] 杨志华．证券法律制度研究 [M]. 北京：中国政法大学出版社，1995.
[28] 张杰．中国金融制度的结构与变迁 [M]. 太原：山西经济出版社，1998.
[29] 张民安．商法总则制度研究 [M]. 北京：法律出版社，2007.
[30] 赵立行．商人阶层的形成与西欧社会转型 [M]. 北京：中国社会科学出版社，2004.
[31] 赵万一．商法独立与独立的商法——商法精神与商法制度的管窥 [M]. 北京：法律出版社，2013.
[32] 赵震江主编．法律社会学 [M]. 北京：北京大学出版社，1998.
[33] 赵中孚主编．商法总论 [M]. 北京：中国人民大学出版社，2003.
[34] 任先行，周林彬．比较商法导论 [M]. 北京：北京大学出版社，2000.

（二）论文

[1] 曹冬媛．民间借贷利息的法律问题 [J]. 河北法学，2012 (12)。
[2] 陈铭聪．台湾地区民间金融问题与法律规制研究 [C] // 中国商法学研究会 2012 年年会论文集：下册。
[3] 范健．论我国商事立法的体系化——制定《商法通则》之理论思考 [J]. 清华法学，2008 (4)。
[4] 高晋康．民间金融法制化的界限与路径选择 [J]. 中国法学，2008 (4)。
[5] 高霞．麦金农和肖的金融抑制与深化理论及对利率市场化的启示 [J]. 北方经济，2008 (13)。
[6] 吴正．民间借贷疯狂增长，高利贷隐忧重重 [J]. 科技智囊，2011 (9)。
[7] 黄绍红．论民间借贷的规范化发展 [D]. 武汉：华中科技大学，2010。
[8] 黄薇．武汉市先建村农户民间借贷研究 [D]. 武汉：华中农业大学，2008。
[9] 黄维娜，胡辉．略论企业间借贷行为的认定及立法趋势 [J]. 湖北经济学院学报（人文社会科学版），2007 (5)。
[10] 黄卫红．中国农村融资问题与金融抑制、金融深化关系研究 [J]. 农村经济，2006 (5)。
[11] 黄志繁．清至民国徽州钱会性质及规制之演化——基于婺源县钱会文书的分析 [J]. 中国农史，2013 (2)。
[12] 雷兴虎．《商事通则》：中国商事立法的基本形式 [J]. 湖南社会科学，2004

(6)。
［13］黎嫌．对民间借贷问题的几点思考［J］．金融与经济，2006（1）。
［14］李权昆．农村民间借贷发展的制度经济学分析［J］．上海金融，2003（5）。
［15］李有星，罗栩．论《放贷人条例》制定的难点及其解决［J］．政治与法律，2011（6）。
［16］李政辉．论我国民间借贷的规制模式及改进——以民商分立为线索［J］．法治研究，2011（2）。
［17］刘风景．立法目的条款之法理基础及表达技术［J］．法商研究，2013（3）。
［18］刘慧兰．关于完善我国民间借贷法律体系的思考［J］．金融发展评论，2010（4）。
［19］刘萍，孙天琦，张韶华．有关美国非吸收存款类放贷人（NDTL）的考察报告［J］．西部金融，2008（9）。
［20］刘少军．民间金融的类型与法理分析［J］．中国流通经济，2012（9）。
［21］刘治斌．立法目的、法院职能与法律适用的方法问题［J］．法律科学，2010（2）。
［22］龙翼飞，杨建文．企业间借贷合同的效力认定及责任承担［J］．现代法学，2008（2）。
［23］马克昌．加强对外国法学、比较法学的研究［J］．中国法学，1992（4）。
［24］中国人民银行邯郸市中心支行课题组．民间借贷立法原则探析——兼论民间借贷的法律边界［J］．金融与法，2013（3）。
［25］孙天琦．香港专业放债机构的有关情况及其启示［J］．西部金融，2012（6）。
［26］唐颖．非对称信息理论与农村信贷市场——兼谈泰国BAAC的经验［J］．金融理论与实践，2006（8）。
［27］王利明．中国民法典的体系［J］．现代法学，2001（4）。
［28］王明锁．论中国民商立法及其模式选择［J］．法律科学，1999（4）。
［29］王燕霞．民间融资规范化探析［J］．天津法学，2011（3）。
［30］姚斌．《放贷人条例》与浙江民间借贷的法律规制研究［J］．商业文化，2010（4）。
［31］殷炳华．商法视角下民间借贷问题的成因与法律规制［J］．山东警察学院学报，2012（5）。
［32］余冬爱．民、商区分原则下的商事审判理念探析［J］．人民司法，2011（3）。
［33］余能斌，余立力．制定“民商法律总纲”完善民商法律体系［J］．武汉大学学报（社会科学版），2002（6）。
［34］余鹏翼，李善民．金融抑制与中小企业融资行为分析［J］．经济学动态，2004（9）。
［35］岳彩申，袁林，陈蓉．民间借贷制度创新的思路和要点［J］．经济法论丛，2009，16（1）。
［36］岳彩申．民间借贷的激励性法律规制［J］．中国社会科学，2013（10）。
［37］岳彩申．民间借贷规制的重点及立法建议［J］．中国法学，2011（5）
［38］张明辉．当前民间借贷的发展和规范问题研究［J］．商情，2010（10）。

[39] 张秋华，周毅．论我国金融法制理念的重构 [J]．税务与经济，2004（4）。

[40] 张书清．民间借贷的制度性压制及其解决途径 [J]．法学，2008（9）。

[41] 张书清．民间借贷法律价值体系的重构 [J]．上海金融，2009（2）。

[42] 张兴胜．史海回眸——唐代封建经济的繁荣与私人高利贷的兴盛 [J]．银行家，2007（10）。

[43] 赵泉民．农村民间借贷兴盛的内蕴、效应及对策 [J]．农业经济问题，2003（10）。

[44] 郑启福．民国时期钱会习惯法研究 [J]．西南大学学报（社会科学版），2013（2）。

[45] 支振锋．民间金融立法的焦虑与希望 [J]．理论视野，2012（4）。

[46] 中国人民银行张家界市中心支行课题组．欠发达地区民间借贷的特点、风险及对策 [J]．武汉金融，2007（5）。

[47] 朱荫贵．论近代中国企业商号吸收社会储蓄——1930 年南京政府禁令颁布前后的分析 [J]．复旦学报（社会科学版），2007（5）。

二、 外文类

[1]〔德〕柯武刚，〔德〕史漫飞．制度经济学：社会秩序与公共政策 [M]．韩朝华译．北京：商务印书馆，2000.

[2]〔法〕克洛德·商波．商法 [M]．刘庆余译．北京：商务印书馆，1998。

[3]〔美〕史蒂文·瓦格．法律与社会 [M]．梁坤，刑朝国译．北京：中国人民大学出版社，2011。

[4]〔美〕E. 博登海默．法理学：法律哲学与法律方法 [M]．邓正来译．北京：中国政法大学出版社，1999。

[5]〔美〕阿兰·S·罗森鲍姆编．宪政的哲学之维 [M]．郑戈，刘茂林译．北京：三联书店 2001 年版。

[6]〔美〕罗纳德·I·麦金农．经济发展中的货币与资本 [M]//〔美〕罗纳德·I·麦金农．麦金农经济学文集．第一卷．李瑶，卢力平译．北京：中国金融出版社，2006。

[7]〔美〕迈克尔·D·贝勒斯著．法律的原则 [M]．张文显等译．北京：中国大百科全书出版社，1996。

[8]〔美〕塞尔兹尼克．转变中的法律与社会——迈向回应型法 [M]．张志铭译．北京：中国政法大学出版社，1994。

[9]〔美〕熊彼特．经济发展理论——对于利润、资本、信贷、利息和经济周期的考察 [M]．何畏译．北京：商务印书馆，1990。

[10]〔秘鲁〕赫尔南多·德·索托．资本的秘密 [M]．王晓冬译．南京：江苏人民出版社，2005。

[11]〔日〕星野英一．私法中的人——以财产法为中心 [J]．民商法论丛．1998（8）。

[12]〔英〕弗里德利希·冯·哈耶克．自由秩序原理 [M]．邓正来译．北京：三联书店，1997。

[13]〔英〕洛克．人类理解论 [M]．关文运译．北京：商务印书馆，1959。

[14]〔美〕P. 诺内特，〔美〕塞尔兹尼克．转变中的法律与社会：迈向回应型法[M]. 张志铭译．北京：中国政法大学出版社，1994。

[15]〔美〕R. H. 科斯等．财产权利与制度变迁 [M]. 上海：三联书店，上海人民出版社，1994。

[16]〔英〕麦考密克，〔奥地利〕魏因贝格尔著．制度法论 [M]. 周叶谦译．北京：中国政法大学出版社，1994。

[17]〔英〕乔纳森·希尔．比较法、法律改革和法学理论 [J]，环球法律评论．1990(4)。

[18] Anders Isaksson. The Importance of Informal Finance in Kenyan Manufacturing [R]. The United Nations Industrial Development Organization (UMIDO), 2002.

[19] Bell, C.. Interaction between Institutional and Informal Credit Institutions in Rural India [R]. The World Bank Economics Review, 1990.

[20] Ernest Barker. Principles of Social and Political Theory [M]. Oxford: Oxford University Press, 1951.

[21] Hoff, K., Stiglitz. J. E.. Introduction: Imperfect Information and Rural Credit Market: Puzzles and Policy Perspectives [R]. The World Bank Economics Review, 1994.

[22] Ivan Light and Michelle Pham. Beyond creditworthy: Microcredit and Informal Credit in the United States [J]. Journal of Developmental Entrepreneurship, 1998, 3.

[23] R. H. Coase. The Problem of Social Cost [M]. 3j. Law Econ. 1960.

图书在版编目（CIP）数据

中国民间商事借贷立法研究/赵莹著．—北京：中国传媒大学出版社，2017.1
ISBN 978-7-5657-1647-8

Ⅰ.①中… Ⅱ.①赵… Ⅲ.①民间借贷—立法—研究—中国 Ⅳ.①D923.64

中国版本图书馆 CIP 数据核字（2016）第 047758 号

中国民间商事借贷立法研究
ZHONGGUO MINJIAN SHANGSHI JIEDAI LIFA YANJIU

著　　者　赵　莹
策划编辑　姜颖昳
责任编辑　姜颖昳　司马兰
特约编辑　刘　英
封面设计　拓美设计
排　　版　楠竹文化
责任印制　曹　辉

出版发行　中国传媒大学出版社
社　　址　北京市朝阳区定福庄东街 1 号　　邮编：100024
电　　话　86-10-64450532 或 65450528　　传真：010-65779405
网　　址　http://www.cucp.com.cn
经　　销　全国新华书店

印　　刷　北京中科印刷有限公司
开　　本　787mm×1092mm　1/16
印　　张　8.75
字　　数　210 千字
版　　次　2017 年 1 月第 1 版　2017 年 1 月第 1 次印刷

书　　号　ISBN 978-7-5657-1647-8/D·1647　　**定　　价**　39.00 元